YVONNE DE BARK

Wirke, wie du willst!

Wie du deine Körpersprache gezielt einsetzt
Sicheres Auftreten, wenn es darauf ankommt

humboldt

INHALT

VORWORT

Wenn wir klein sind, strecken wir unseren Bauch raus, schneiden Grimassen und betrachten in Forschermanier unseren Popel. Irgendwann sagt jemand auf dem Schulhof zu uns, dass wir doof sind, uncool, Streber oder Loser. Und wir hören darauf. Wir lassen es zu, dass uns jemand bewertet. Und wir werden zu dem, was die anderen von uns erwarten. Um dazuzugehören, passen wir uns an.

Ich war als Kind zu laut für meine Umgebung, ich war zu hektisch, und man gab mir das auch zu verstehen. Mein Schauspielagent hat einmal zu mir gesagt: „Wenn ich dich Regisseuren oder Produzenten vorstelle, gibt es nur eine Möglichkeit: Entweder sie lieben dich oder sie finden dich furchtbar. Dazwischen gibt es nichts." Heute weiß ich, warum. Ich bin eigentlich introvertiert, aber situationsbedingt extrovertiert. Wenn es damals in wichtigen Gesprächen darauf ankam, gab ich aber leider Vollgas. Vor allem, wenn ich mich besonders unwohl fühlte, kompensierte ich meine Unsicherheit mit

Aufgedrehtsein. Vor lauter „gut wirken wollen“ schoss ich regelmäßig über das Ziel hinaus, machte blöde Witze, die niemand lustig fand und trat den Leuten dadurch, dass ich mein Herz auf der Zunge trage, gerne mal metaphorisch mit dem High-Heel-Absatz auf den nackten großen Zeh. Aber ich habe dazugelernt: Ich weiß mittlerweile, mit welchem Verhalten ich Leute erschrecke und wie ich stattdessen eine wunderbare Wellenlänge schaffen kann.

Durch meine Arbeit als Körpersprachecoach habe ich die evolutionären Trigger gelernt, auf die Menschen reagieren. Heute stehe ich auf der Bühne und bringe Menschen bei, wie sie so wirken können, wie sie wirken wollen, ohne sich zu verbiegen. Das Wichtigste ist, dass sie dabei bei sich bleiben und aus dem schöpfen, was ihnen ihre Lebenserfahrung und ihre Gene mitgegeben haben. Denn jeder ist wunderbar, so wie er ist.

Ich möchte mit diesem Buch keine opportunistischen Zombies erschaffen. Ich möchte, dass du so bleibst wie du bist, aber ich möchte, dass du so wirken kannst, wie du es selber möchtest. Dein Freund, deine Freundin, dein Partner oder deine Partnerin lieben dich genau so, wie du bist. Deine Kunden, Geschäftspartner oder Mitarbeiter lieben dich noch nicht? Das müssen sie auch nicht alle. Aber ich möchte dir zeigen, was du tun kannst, damit du in der Kommunikation mit deinen Mitmenschen das erreichst, was du erreichen möchtest.

Was dich in diesem Buch erwartet

Ich bin ausgebildete Schauspielerin und stehe seit meinem 18. Lebensjahr vor der Kamera. Mittlerweile gebe ich seit vielen Jahren Seminare und halte Vorträge über Körpersprache und Auftreten. Hin und wieder mache ich auch ein Einzelcoaching. Ich habe festgestellt, dass die Wirkungsarbeit dem Wirkungswissen bei Weitem vorgezogen wird. Evolutionäre Hintergründe sind nett zu wissen, aber wie kann das auf die eigene Außenwirkung umgesetzt werden? Deswegen habe ich mich entschlossen, nicht zu schwafeln. Ich biete dir knallharten Input: ein wertvolles Wirkungsnugget nach dem anderen.

Menschen zu verstehen wird nicht in der Schule gelehrt. Leider. Die Körpersprache gibt noch vor dem Wort wichtige Hinweise, wie sich jemand fühlt. Das ist ein wertvoller Schatz, der den Umgang und die Kommunikation mit anderen großartig macht. Dann noch zu wissen, wie du auf das, was du beim anderen beobachtet hast, reagieren kannst, ist nicht nur für deinen Geldbeutel, sondern auch für dein eigenes Wohlbefinden Gold wert.

Nach der Lektüre dieses Buches wirst du erkennen, ob sich jemand unwohl oder wohlfühlt. Du wirst wissen, was du tun musst, wenn du bestimmte körpersprachliche Signale siehst, und vor allem, wie du mit deiner eigenen Wirkung das erreichen kannst, was du möchtest. Das muss nicht immer positiv sein. Manchmal wollen wir einfach nur Kontra geben und emotional sein, und auch hier solltest du wissen, was du mit deinem Verhalten bewirkst. Was du von diesem Buch erwarten kannst:

- Du wirst lernen, wie du vom ersten Augenblick strahlst, wie du charismatisch wirkst und wie du Menschen für dich begeistern kannst.
- Du wirst mehr Selbstbewusstsein haben, kompetent wirken und überzeugend auftreten.

- Du wirst einen bleibenden Eindruck hinterlassen und den Personen, die du triffst, in Erinnerung bleiben. Das hat nicht nur mit Körpersprache zu tun, sondern mit deinem gesamten Auftreten, das sich gegenüber Kunden, Kollegen und Freunden ändern wird.
- Du wirst feststellen, dass du in Verhandlungen sicherer und souveräner wirst, dass du in deiner privaten und beruflichen Umgebung positiver wahrgenommen wirst.
- Du wirst auf Netzwerkveranstaltungen keine Probleme haben, die richtigen Kontakte für dich zu begeistern.
- Du wirst in deiner täglichen Kommunikation Missverständnisse reduzieren.
- Du wirst deine eigene Authentizität finden und wissen, wie du im Kern bist und was davon auf dein Gegenüber wirkt.
- Du wirst deine Wahrnehmung schärfen und wissen, wie du auf das, was du wahrgenommen hast, so reagieren kannst, dass du das bewirkst, was du bewirken möchtest.

Deine Körpersprache ist mit dir gewachsen. Sie zeichnet dich aus. Was ich dir hier mitgebe, sind Hacks, Tipps, Übungen und Ideen, wie du mögliche Wünsche in deinen zwischenmenschlichen Interaktionen erfüllen kannst, um das zu erreichen, was du willst, egal ob mehr Geld, Anerkennung, Liebe oder Sicherheit.

Du bist, wer du bist, und genau von dieser Position aus kannst du werden, wie du willst. Wenn du weißt, was du kannst und wo du stehst, weißt du auch, was du erreichen kannst und was nicht. Ein Fußballspieler, der auf der Position des Stürmers spielt und dort brillant ist, wird nie ein Torwart werden. Ich werde in meinem Leben nie eine gute Verkäuferin werden, weil ich einfach keinen Drang verspüre, jemandem etwas zu verkaufen. Andere wiederum brennen dafür und sind richtig gut darin.

TIPP

Auf meiner Seite www.yvonnedebark.de findest du den Mikromimiktest, bei dem du herausfindest, wie gut deine Wahrnehmung bereits ist.

https://yvonnedebark.de/wirke-wie-du-willst/

„Hallo wach" in jeder Situation

Der erste Input, den ich dir geben möchte, ist eine Übung, die du vor jedem wichtigen Termin und vor jeder Präsentation machen kannst, um fokussiert zu sein. Die Übung vernetzt die rechte und linke Gehirnhälfte, sie weckt dich auf und aktiviert für alles, was du danach leisten musst. Ich mache diese Übung mit meinen Teilnehmern, bevor wir ein Tagesseminar starten. Die rechte Gehirnhälfte steuert die linke Körperhälfte, und die linke Gehirnhälfte die rechte. Also werden wir eine Übung machen, bei der jede Gehirnhälfte auf seine Kosten kommt.

ÜBUNG

- Stell dich gerade hin. Beide Arme hängen locker herunter.
- Der rechte Arm macht nur eine Auf- und Abwärtsbewegung. Strecke den rechten Arm gerade nach oben. Dann führe die Hand herunter zur Schulter und weiter bis ganz nach unten. Dann wieder nach oben. Der rechte Arm geht also nur vertikal von oben nach unten.

- Der linke Arm hat noch eine Seitwärtsbewegung dazwischen. Die Hand geht also auch von oben herunter an die Schulter, wird dann waagerecht zur Seite gestreckt, dann wieder zurück an die Schulter und dann nach unten.
- Das Wichtige ist jetzt, dass die Hand nach der Abwärtsbewegung wieder nach ganz oben geht.

Um nun beide Gehirnhälften zu vernetzen, übe die Bewegungen gleichzeitig aus. Beide Hände starten oben. Um die Übung zu erleichtern, mache jeweils einen Zwischenstopp an der Schulter. Sieh dir dazu auch mein Video „Teste dein Gehirn – wie ticken deine grauen Zellen?" an.

https://yvonnedebark.de/wirke-wie-du-willst/

So, nun bist du wach und konzentriert. Es kann losgehen!
Ich wünsche dir viel Erfolg!

Deine

Yvonne de Bark

ECHT AUTHENTISCH!

Authentizität – ein viel zitierter Begriff. Doch was verbirgt sich eigentlich dahinter? Und ist es nun gut oder eher schlecht, authentisch zu sein? Wann es sich lohnt, sich authentisch zu zeigen, und wann du besser damit hinter dem Berg hältst, erfährst du in diesem Kapitel.

„Sich wirklich zu zeigen, erfordert Mut."

Sei, wie du bist – oder lieber nicht?

Die Bremsleuchten der vor dir fahrenden Autos leuchten plötzlich hell auf. Du steigst in die Bremse, so wie sämtliche Autos vor und nach dir. Es kommt zum absoluten Stillstand auf vier Spuren. Die Fahrbahn nadelöhrt sich an dieser Stelle geschmeidig in eine Baustelle, und der Fahrfluss stoppt beim ungeregelten Einfädeln so vieler Autos komplett. Deine großzügig kalkulierte halbe Stunde Puffer frisst sich zweispurig vor sich hinschleichend Minute für Minute auf. Du beobachtest die Schnecken am Wegesrand, die dich im raschen Vorbeikriechen hämisch angrinsen. Dann geht es auf den zwei Baustellenspuren endlich weiter. Erstaunlicherweise hast du jetzt nahezu freie Bahn auf der linken Spur. Du drückst ein wenig auf die Tube und freust dich an der sich rasch nach rechts bewegenden Tachonadel und den vorbeifliegenden Baustellenbegrenzungspfosten, die dir eine entspannende visuelle Rückmeldung über die wenigstens minimal aufgeholte Zeit geben.

Ein plötzlicher greller, roter Blitz vom Wegesrand kündigt an, dass du dich aber bald nur mehr über überteuerte Fahrdienste oder schlecht präparierte Radwege beklagen wirst können: Geblitzt. Erwischt. Führerschein ade. Gestresst, genervt und mit adretten Schweißflecken im Hemd betrittst du wenig später den Meetingraum, in dem der wichtigste Termin des Tages schon wartet und bei deinem Erscheinen einen unmissverständlich vorwurfsvollen Blick auf die Uhr wirft.

Was wirst du tun? Wirst du authentisch sein? Wirst du so sein, wie du bist? Nicht inszeniert, ganz ehrlich an deine momentanen Gefühle angeschlossen und völlig echt? Das bedeutet: Du knallst deine Unterlagen auf den Tisch, verfluchst in unflätiger Weise „diese Abzocker von Bullen“ und brichst dann schluchzend in den Armen deines Termins zusammen, weil du nicht weißt, wie du die nächsten Monate ohne Auto bewerkstelligen sollst.

Das wäre wahrscheinlich die authentischste Variante. Aber du wirst sie nicht wählen, denn du bist dir deiner Rolle bewusst: Deinen Termin interessiert nicht, welchen Kiesel du im Schuh hast.

Der Begriff „authentisch"

Authentisch bedeutet im Wortsinn „echt", „als Original befunden". Authentisch ist alles, was nicht inszeniert ist. Wir fühlen instinktiv, wenn an dem anderen etwas nicht stimmt. Wir spüren, dass er uns etwas „vorspielt". Dann sprechen wir davon, dass er nicht „authentisch" ist. Und das schreckt uns ab. Ein wichtiges psychologisches Grundbedürfnis eines Menschen ist, zu wissen, woran er ist.

Viele behaupten, Mario Barth beispielsweise sei sehr authentisch auf der Bühne. Glaubst du wirklich, dass Mario Barth zu Hause genauso ist wie auf der Bühne? Wir spielen die Rolle, die uns in der jeweiligen Situation zugeteilt ist oder die wir freiwillig angenommen haben. Mit jeweils einem anderen Ziel. Wir spielen unterschiedliche Rollen, die jede für sich eine eigene Authentizität erfordert. Erst wenn Außen und Innen zusammenpassen, dann wirken wir echt.

Als ich einmal von der Bühne herunterkam und mich unter die Leute mischte, klopfte mir jemand auf die Schulter und sagte: „Das ist so toll, wie Sie das machen. Sie wirken so total authentisch!" Ich dachte nur: „Das ist schön, aber Sie sollten mich mal authentisch sehen, wenn mein Mann den Müll nicht rausgebracht hat ...!"

Muss ich emotional sein, um authentisch zu wirken?

Ja und nein. In ausgeprägten emotionalen Zuständen sind wir unter keinen Umständen fähig, die Mimik zu kontrollieren, unsere Atmung zu steuern oder unser Verlangen nach Schutz körpersprachlich zu unterbinden. Aus evolutionärer Sicht muss das auch so sein.

Unsere Emotionen, die wir nach außen zeigen, liefern dem Gegenüber wichtige, existentielle Informationen über die aktuelle Situation. Uns ist die Angst ins Gesicht geschrieben, wenn der Säbelzahntiger im Gebüsch raschelt. Wir zeigen mimische Ausdrücke von Überraschung, wenn etwas Unvorhergesehenes geschieht. Und wir zeigen Signale der Freude, wenn alles entspannt ist. Je intensiver wir fühlen, desto authentischer wirken wir nach außen. Das heißt aber nicht, dass eine Person nicht authentisch ist, wenn sie nicht emotional ist.

Eine der häufigsten Anforderungen an mich als Coach für Außenwirkung ist: „Liebe Frau de Bark, ich möchte nicht, dass die anderen meine Emotionen in der Körpersprache lesen können.“ Ich antworte: „Dann wandeln Sie die Emotion doch einfach um. Wenn Sie wütend sind und es nicht sein wollen, akzeptieren Sie es kurz, atmen Sie aus und schütteln Sie es dann ab. Lassen Sie für den Moment, in dem Sie nicht wütend sind, die Wut Wut sein und pushen sich mit guten Erinnerungen, Gefühlen und Gedanken. Wütend sein können Sie später immer noch. Und noch etwas: Es gibt Situationen, in denen es durchaus angemessen ist, wenn das Gegenüber merkt, was in Ihnen vorgeht.“

Wirke ich authentisch, wenn ich Fehler mache?

Ja! Wir alle machen Fehler. Und deswegen lieben wir es, wenn wir kleine Fehler am anderen erkennen. Es beruhigt uns. Perfektion macht uns unsicher, weil sie unnatürlich ist. Sie ist zu glatt. Und auf einer glatten Oberfläche kann man ausrutschen. Wir mögen diese Menschen nicht, bei denen alles irgendwie perfekt ist. Stell dir vor, du betrittst die Wohnung eines Bekannten zum ersten Mal. Grillfest. Die Wohnung ist toll eingerichtet, der Garten akkurat getrimmt. Dein Bekannter stellt dir seine Frau vor. Die beiden könnten in einem Möbelkatalog auf der Titelseite als „Wir haben nicht nur uns, sondern auch unser Traumhaus gefunden“-Paar abgebildet sein.

Du wirfst einen verzweifelten Seitenblick zu deinem Partner, der sagt: „Hauptsache, wir lieben uns." Es fehlt nur noch ... und just in diesem Moment kommt ein perfekt gepflegter Golden Retriever mit glänzendem Fell um die Ecke, um dich wohlerzogen zu begrüßen. Gerade berechnest du, wie viele Bier du in welcher Zeit trinken musst, um diese Perfektion zu ertragen, da erscheint eine gepiercte, ganzkörpertätowierte junge Frau mit halb rasiertem Schädel und Ratte auf der Schulter auf der Terrasse, „Hi Paps!", schnappt sich ein Bier und verschwindet.

Dein Bekannter blickt dich peinlich berührt an. Und das ist der Moment, in dem sich alles in dir entspannt, dein Atem ruhiger wird und du beginnst, deinen Bekannten für diese Unperfektheit zu lieben.

Warum authentisch sein nicht immer angebracht ist

Authentizität ist ein hohes Gut, aber die Welt ist eine Bühne, und wir sind ihre Schauspieler. Zur richtigen Zeit, am richtigen Ort und mit der richtigen inneren Haltung wirken wir echt. Und manchmal können und wollen wir es kontrollieren. Weil wir es müssen.

Ich saß mit meiner Begleitung in einem Restaurant und freute mich auf das Essen. Doch die Kellnerin war schlecht gelaunt und scherzte nicht wie sonst mit mir. Dass sie nicht die Karte auf den Tisch knallte, war ein Wunder. Sie schien völlig authentisch, denn sie ließ alles raus, was sie im Inneren fühlte. Alles stimmte an ihr, so wie sie sich gab. Allerdings fiel sie aus ihrer Rolle der Dienstleisterin, und ihre Stimmung übertrug sich auf uns, und das ist ein No-Go. Wenn ich auf der Bühne stehe oder vor der Kamera, dann gibt es keine Frage, ob ich Sorgen habe oder nicht. Dann zählt nur, die Rolle zu erfüllen.

Die Authentizität der Situation anpassen

Auf einem Kongress lernte ich einen Auftraggeber für meinen Vortrag kennen. Er war CEO in einem großen Unternehmen, das knapp 2,5 Milliarden Euro Umsatz im Jahr machte. Er wirkte auf mich ausgesprochen freundlich. Auch als Mitarbeiter zu unserem Gespräch hinzukamen, bemerkte ich einen sehr freundschaftlichen Umgang. Die Stimmung war wunderbar locker, und man spürte, dass sich alle mit ihrem Chef wohlfühlten. Nach dem Mittagessen erblickte ich ihn, wie er auf einen Mitarbeiter zuging. Seine Körpersprache war jetzt völlig verändert. Er wirkte zielstrebig und ernst. Der gleiche Mensch, aber mit einem anderen Ziel. Ein Mensch, der sehr genau wusste, was er wollte. Ich hörte ihn mit fester Stimme zu dem Mitarbeiter sagen: „Komm mal bitte mit, ich muss was mit dir besprechen." An der Körpersprache des Mitarbeiters wurde klar, dass es nicht um die Planung eines Kindergeburtstags gehen würde. Ich war zu tiefst beeindruckt, wie schnell der CEO seine Authentizität der Situation anpassen konnte, so dass er genau die Wirkung erzielte, die er wollte.

TIPP

Dein Fokus verändert deine Körpersprache. Wenn du weißt, was du willst, wirst du automatisch durchsetzungsfähig wirken.

Wie die Evolution uns prägt

Wenn man bedenkt, dass wir uns über Jahrtausende unserer Evolutionsgeschichte durch Körpersprache verständigt haben und die Sprache, so wie wir sie kennen, eine relativ junge Entwicklung ist, ist es keine Überraschung, dass unser Gehirn immer noch auf evolutionäre Trigger reagiert. In der Steinzeit mussten wir schnell erkennen, ob wir wegrennen mussten oder bleiben konnten. Die Fähigkeit, Körpersprache lesen zu können, hat sich für unser Überleben als überaus nützlich erwiesen. Zeigte ein Gruppenmitglied Signale der Angst, wussten wir unbewusst, dass wir uns zum Rennen bereit machen mussten. Zeigte ein Gruppenmitglied Kooperationsbereitschaft oder vielleicht sogar die Bereitschaft zur Reproduktion, konnten wir bleiben und genießen. Unser Gehirn erkannte schnell, ob wir Freund oder Feind vor uns hatten oder Gefahr drohte, wenn z. B. ein Jagdkollege neben uns erstarrte, wenn er ein Raubtier im Gebüsch entdeckt hatte.

Heutzutage ist es in unserer Kultur nicht mehr nötig, solche existenzbedrohenden Gefahren zu erkennen: Es laufen einfach viel weniger Menschen mit Speeren oder Knüppeln durch die Gegend, die ihren Stamm verteidigen wollen. Dennoch reagiert unser Gehirn stark auf Signale, die vermitteln, dass wir jemanden vom gleichen Stamm vor uns haben. Denn in der Gruppe sind wir sicher. Die Gruppe gibt uns Schutz vor Feinden tierischer Art oder auch vor feindlichen Stämmen.

Teil des „Stammes“ werden

Wie wichtig das ist, habe ich am eigenen Leib erfahren. Ich war in einer Eventarena vom Geschäftsführer zu einem Konzert eingeladen worden. Ich freute mich sehr. Als ich die Loge betrat, waren dort schon einige andere Gäste. Ein paar davon drehten sich zu mir um. Ich nickte ihnen freundlich zu und sagte: „Hallo.“ Die Gäste aber blickten mich ausdruckslos an und grüßten nicht zurück. „Okay“, dachte ich, „das kann ja heiter werden.“ Ich stellte mich an einen freien Stehtisch und hielt mich befremdet an meinem Glas Weißwein fest. Es war noch Zeit, bis das Konzert begann, also ging ich noch auf die Toilette, und als ich den Türgriff berührte, hatte ich das Gefühl, dass sich irgendetwas in meinem Rücken tat. Ich blickte mich um und sah, dass ein Mann aus der Gruppe mich mit seinem Smartphone fotografierte. Irritiert ging ich auf die Toilette und stellte mich wenige

Minuten später wieder an meinen Tisch. Kurz vor Beginn des Konzerts öffnete sich die Tür zur Loge, und der Geschäftsführer trat ein. Er kam zu mir an den Tisch: „Hallo, Frau de Bark, wie schön, dass Sie es geschafft haben. Wie gefällt es Ihnen?“ Ich versuchte nicht allzu gequält zu lächeln: „Gut, gut.“ In diesem Moment trat der Mann, der das Foto gemacht hatte, zwischen uns, ignorierte mich vollständig und sagte zu dem Geschäftsführer: „Was macht die denn hier?“ Ich konnte jedes Wort hören, das er sagte. Der Geschäftsführer antwortete: „Das ist mein Gast.“ Der Silberrücken beugte sich noch weiter zu ihm und raunte grimmig: „Sie müssen schon verstehen, wir haben unsere Wertgegenstände und Jacken hier.“ Dann wandte er sich um und ging. Ich blickte den Geschäftsführer fragend an. Der winkte nur ab, dann klingelte sein Handy. Ich verließ fünf Minuten später die Loge. Auf das Konzert hatte ich keine Lust mehr, und auf der Fahrt nach Hause rannen mir Tränen die Wangen herunter: Noch nie hatte ich mich so gedemütigt gefühlt.

Als mich zu Hause meine damals 12-jährige Tochter empfing und mein aufgelöstes Gesicht sah, erzählte ich ihr, was vorgefallen war. Sie nahm mich in den Arm und sagte ruhig: „Mama, das ist, weil du nicht Teil der Gruppe warst. Und weil du alleine warst, warst du wie ein angeschossenes Tier, auf das sie losgehen konnten. Sie hatten Angst vor dir.“ So wurde mir bewusst, wie wichtig es ist, ein Teil des Stammes zu sein.

TIPP

Es ist wichtig, Teil des „Stammes“ zu sein. Wenn du von einer Gruppe akzeptiert werden möchtest, achte darauf, wie die Gruppenmitglieder gekleidet sind, wie sie sprechen und wie sie sich verhalten. Gib ihnen die Gelegenheit, dich so lange zu beschnuppern, bis sie sicher sind, dass du keine Gefahr darstellst. Erzähle ihnen von dir, damit sie dich einschätzen können.

Das Distanzbedürfnis einschätzen

Unser Körper sendet Signale durch Körperhaltung, Gesten, Mimik, Stimme und Geruch. Im weiteren Verlauf des Buches wirst du noch viele Tipps zu den einzelnen Signalen bekommen, ich möchte hier auf ein Signal eingehen, das häufig vernachlässigt wird, meiner Erfahrung nach aber zu einem der einfachsten und wichtigsten Signale gehört, die unser Körper senden kann: das Distanzverhalten.

Lass die Person auf dich zugehen und die Distanz verringern. Bitte sie, stehen zu bleiben, sobald du laut „Stopp!" sagst.

Jeder hat ein individuelles Distanzbedürfnis. Manche können Nähe besser ertragen, andere fühlen sich unwohl, wenn sie näher als auf Armlänge bei jemandem stehen müssen. Dabei kommt es natürlich auf kulturelle Unterschiede an sowie darauf, wie gut wir die Personen kennen. Um dein ganz persönliches Distanzbedürfnis zu bestimmten Personengruppen herauszufinden, kannst du folgende Übung machen.

ÜBUNG

Ein Kollege, ein Freund oder eine Freundin stellt sich ca. drei bis vier Meter entfernt vor dich hin. Bitte die Person, auf dich zuzugehen und die Distanz zu verringern. Sobald du laut „Stopp" sagst, bleibt sie stehen. Jetzt betrachte den Abstand. Strecke deinen durchgestreckten Arm (die Hand macht eine leichte Faust) in Richtung seines Gesichtes aus. Würdest du ihn berühren? Dann besteht ein gutes Vertrauensverhältnis zwischen euch. In unserer Kultur hat sich eine Distanz von einer Armlänge Abstand als nützlich erwiesen, damit wir uns im Gespräch mit anderen wohlfühlen.

Nun kennst du dein Distanzbedürfnis bei dieser Person. Spannend wird es, wenn du auf fremde Personen triffst. Das kannst du in Wartebereichen, am Bahnhof oder im Supermarkt testen. Im Winter ist das Distanzbedürfnis übrigens geringer, weil wir alle dicke Kleidung tragen. Da ist es nicht so schlimm, wenn sich in der S-Bahn mal eine Daunenjacke spürbar an uns vorbeischiebt. Die Kleidung wirkt in diesem Fall wie ein Schutz. Im Sommer dagegen würden wir erschrocken zusammenzucken, wenn uns plötzlich nackte Haut auf nackter Haut streift.

Es ist erstaunlich, wie unbewusst Menschen darauf reagieren, wenn ihr Territorium von Fremden betreten wird. Ich teste das manchmal an der Ampel oder im Aufzug, indem ich mich nur wenige Zentimeter in das Territorium einer anderen Person hineinbegebe. Sie weicht aus, indem sie ihr Gewicht auf das andere Bein verlagert, oder schützt ihre „Wohlfühlblase", indem sie ihre Tasche höher nimmt.

Es gibt noch eine Besonderheit bei den unterschiedlichen Distanzbedürfnissen. Die Körpergröße spielt eine nicht ganz unwichtige Rolle. Besonders große oder besonders kleine Menschen haben das Bedürfnis, ein wenig weiter weg zu stehen, wenn sie sich unterhalten. Das liegt daran, dass sie dann mehr von dem anderen sehen.

TIPP

Du kannst durch das Zurücklehnen auf einem Stuhl oder durch das Zurückweichen im Stehen ein ganz klares Signal an das Unterbewusstsein des anderen senden: „Ich brauche Raum für mich." Jetzt wird es spannend, ob der andere versucht, dein Interesse zurückzugewinnen, oder ob er wie eine Dampfwalze einfach weiter an dem festhält, was dich gerade ohnehin nicht interessiert. Oder ob er vielleicht sogar nachrückt, weil er spürt, dass er dich verliert.

Sollte Letzteres der Fall sein, kannst du Mäuerchen bauen. Verschränke deine Arme vor der Brust, klappe dein Laptop auf oder wende deinen Oberkörper aus der Konfrontation.

Vermeide Mäuerchen wie z. B. ein geöffnetes Laptop oder setze es bewusst ein, um Abstand zu bekommen.

Es gibt Menschen, die überhaupt kein Distanzgefühl haben. Sie reden mit dir auf einer Party und rücken immer mehr nach, je mehr du versuchst, deine Wohlfühldistanzzone zu bewahren. Das geht manchmal so weit, dass sie dich buchstäblich an die Wand reden. In diesem Fall kannst du einen Fuß nach vorne stellen, so dass der andere nicht noch näher herankommen kann. Eine Möglichkeit, die eine große Portion Mut erfordert ist, die Körperhaltung zu straffen und in sein Territorium einzudringen, sprich auf ihn zuzugehen.

MIT EMOTIONEN BERÜHREN

Empathie bedeutet zu fühlen, was der andere fühlt. Es bedeutet, aus deinen eigenen Schuhen heraus und in die Schuhe des andern zu schlüpfen. Wenn wir das tun, wirkt unsere Körpersprache automatisch anziehend auf den anderen, denn er fühlt sich verstanden. Aber Empathie ist nicht nur zu versuchen, die Gefühle des anderen zu verstehen, sondern in seine Welt einzutauchen und seine Gefühle mitzufühlen. Wie das geht, erfährst du in diesem Kapitel.

„Gefühle sind die Fundamente der Erinnerungen."

Ohne Empathie geht es nicht

Die schlimmste körpersprachliche Folter in der zwischenmenschlichen Kommunikation ist es, keine Empathie zu zeigen. Dazu gibt es ein spannendes Experiment mit Müttern und ihren Babys. Es heißt *Still Face Experiment*. Dabei wurden Mütter gefilmt, während sie sich mit ihren Babys beschäftigten, lachten und deren Mimik spiegelten. Dann wurden die Mütter gebeten, keine Mimik mehr zu zeigen, die Kinder aber weiterhin anzublicken. Die Babys reagierten unterschiedlich, aber alle irritiert. Das eine versuchte, die Aufmerksamkeit seiner Mutter zurückzubekommen, in dem es laut quietschte. Das andere blickte verwirrt im Raum umher, und ein anderes begann zu weinen.

Das zeigt: Wir brauchen das emotionale Feedback eines Menschen, um zu wissen, woran wir sind, um sicher sein zu können, dass der andere uns versteht. In vielen Experimenten hat man herausgefunden, wie schnell schon die Kleinsten in der Lage sind, Emotionen zu erkennen. Sie teilen ein Spielzeug, wenn sie sehen, dass der andere traurig ist. Sie halten inne, wenn sie sehen, dass die Mutter Angst zeigt. Sie freuen sich, wenn ein geliebter Mensch lacht.

Hast du schon einmal bei einem Film mit dem Protagonisten mitgeweint? Wenn die Situation nachvollziehbar ist, der Komponist auch noch eine herzzerreißende Musik unter die Szene legt und dann auch noch Tränen kullern, ist man oft verloren. Als Schauspielerin ist es ja auch meine Aufgabe, das Mitfühlen der Zuschauer anzuregen. Ein Regisseur sagte einmal vor einer traurigen Szene zu mir: „Es müssen nicht unbedingt Tränen fließen. Wenn du es fühlst, wird es auch der Zuschauer fühlen.“ Und so ist es auch.

Um diesen gewaltigen Einfluss der anderen auf unser Wohlbefinden zu demonstrieren, bitte ich in meinen Seminaren einen Teilnehmer, zu mir nach vorne zu kommen und mir eine kurze Geschichte zu erzählen, über irgendetwas, das er kürzlich erlebt hat, etwa den letzten Urlaub. Beim ersten Mal höre ich zwar zu, zeige aber keinerlei Regung in der Mimik. Ich nicke nicht einmal leicht, sondern blicke den Erzählenden durchgehend aufmerksam an. Meistens brechen die Erzählenden schon nach ein paar Sätzen frustriert ab: Sie haben plötzlich keine Lust mehr zu erzählen. Als Antwort, warum sie nicht weitererzählen, geben alle an, dass sie das Gefühl haben, ihre Geschichte interessiere mich sowieso nicht.

Wir brauchen das emotionale Feedback des Gegenübers, um sicher zu sein, dass es uns versteht. Bei der zweiten Variante gehe ich emphatisch mit. Ich lächle, wenn etwas Schönes erzählt wird, ich staune, wenn etwas Großartiges erzählt wird, und ich fühle mit, wenn ich höre, dass der Teilnehmer drei Stunden gebraucht hat, um die Ferienwohnung zu finden. Auch bei der Kakerlake unter dem Bett bin ich ganz bei seinem Ekel dabei. Wenn ich danach frage, wie er sich jetzt gefühlt hat, kommt ein Lächeln und: „Guuut!“

TIPP

Möchtest du konstruktives Feedback geben, so dass sich danach etwas zum Positiven verändert? Dann geh in drei Schritten vor:

Schritt 1: Lobe etwas, das dir wirklich gut gefällt und möglichst konkret ist.

Schritt 2: Sage nur, was deine persönliche Meinung ist: „Ich finde, dass …“, „Für meinen Geschmack …“, „Meiner Meinung nach …“ und beziehe deine Kritik auf die Sache, nicht auf die Person.

Schritt 3: Sag, was du dir für die Zukunft wünschst: „Ich fände es toll, wenn …“, „Ich würde mir wünschen …“

Wie du Empathie übst

Es gibt Menschen, die von Natur aus nicht in der Lage sind, Gefühle in der Mimik zu lesen oder zu zeigen. Rund zehn Prozent der Deutschen haben dieses Persönlichkeitsmerkmal in unterschiedlich starken Ausprägungen. Es nennt sich Alexithymie und wird auch als Gefühlslegasthenie oder Gefühlsblindheit bezeichnet. Die Ursachen sind noch nicht ganz erforscht. Sicher ist nur, dass die betroffene Person nichts dafür kann und ihr extra viel Empathie und Verständnis entgegengebracht werden sollte. Und dann gibt es andere, denen man jede Stimmungsveränderung sofort ansieht und die selber eine besondere Gabe haben, Gefühle und Stimmungen anderer zu erkennen.

Die erste Voraussetzung, um sich gedanklich und gefühlsmäßig in die Schuhe des anderen zu begeben, ist, ihm zuzuhören. Versuche nicht, schon vorauszudenken, was du als Nächstes sagen könntest, sondern sei ganz bei deinem Gegenüber. Empathie zu zeigen, bedeutet nicht, auf der kognitiven Ebene zu sagen: „Ich verstehe dich." Das ist zwar ein gutes Mittel, um dem anderen ein gutes Gefühl zu geben, aber es bleibt an der Oberfläche. Da das mittlerweile jeder Kommunikationstrainer schult und fast jeder schon einmal gehört hat, wird es oft auch schon als manipulative Floskel interpretiert, die eher das Gegenteil erreicht.

Es gibt aber eine Möglichkeit, wie du emphatisch wirken kannst *und* „Ich verstehe dich" sagen kannst: Such dir ein Detail aus dem, was dein Gegenüber gesagt hat, und paraphrasiere, also wiederhole mit deinen eigenen Worten, was du gehört und verstanden hast. So kann dein Gegenüber sicher sein, dass du inhaltlich völlig bei ihm bist. Da er in seiner eigenen Welt eine Emotion mit seinem Gesagten verknüpft hat, geht er davon aus, dass du das Gleiche empfindest, wenn du das Gleiche sagst.

Beispiel: „Dieser Idiot, ich habe ihm gestern gesagt, dass ich mit den Unterlagen für unser gemeinsames Projekt nicht so schnell fertig werde, und was macht er? Er schwärzt mich beim Chef an, dass ich wieder mal zu langsam bin. Vollidiot!" „Oje, das kann ich gut verstehen, dass du sauer bist, weil es der Chef ja gar nicht hätte erfahren müssen, dass du es nicht so schnell schaffst."

ÜBUNG

Emotionen zeigen sich über die Körpersprache. Die Körpersprache hat aber auch Einfluss auf unsere Gefühle. Probiere es aus: Versuche Mimikausdrücke und Körpersprache im Fernsehen oder von Videos exakt nachzuahmen, und achte darauf, was du fühlst. Unser Gehirn weiß ganz genau, welche Körpersprache zu welcher Emotion gehört.

Mit Empathie Sprachbarrieren überwinden

Beim Abendessen einer Bekannten war ich begeistert von dem Mann neben mir, wie empathisch er auf mich einging. Bei allem, was ich erzählte, ging er emotional mit. Ich fühlte mich sehr wohl, eines aber irritierte mich: Er schien teilweise schon vorher zu wissen, was ich erzählen würde, denn er zeigte schon vor meinem Satz das passende Gefühl. Später erzählte ich meiner Bekannten meine Beobachtung. Sie lachte und sagte, der Mann höre sehr schlecht und lese stattdessen sehr genau in Gesichtern – und weil er darin so gut war, konnte er die Emotionen spiegeln, noch bevor sie mir bewusst waren.

Umgekehrt kann man das ebenfalls für sich nutzen: Ich sprach in einem Reisebus auf der Fahrt zurück ins Tagungshotel mit einem Franzosen, der nur gebrochen Englisch konnte. Er sprach mit einem Enthusiasmus, der mich vermuten ließ, dass er tolle Geschichten erzählte. Ich wollte nicht unhöflich sein, und in meiner Hilflosigkeit spiegelte ich seine Gesichtsausdrücke, nickte ab und zu begeistert oder hob die Augenbrauen, wenn seine Erzählung anscheinend eine Wendung annahm. Ich hatte keine Ahnung, was er erzählte, aber sein Kommentar beim Aussteigen: „Das war ein sehr schönes und interessantes Gespräch."

Wenn du die Empathie völlig außen vor lässt, etwa weil du sehr nervös bist, dann kann es dir gehen wie mir in einem der peinlichsten Momente meines Lebens. Ich hatte die weibliche Hauptrolle in einem Italowestern mit den Filmsöhnen von Bud Spencer und Terence Hill ergattert, und zum Kennenlernen der Crew waren wir bei Bud Spencer, im wirklichen Leben Carlo Pedersoli, zum Spaghettiessen eingeladen. Bud saß am Kopfende, mich setzte man direkt an seine rechte Seite. Ich war so nervös – Bud Spencer war der Held meiner Kindheit! Vor lauter Nervosität plapperte ich wie ein Wasserfall, Englisch und Deutsch, wie es eben gerade kam. Carlo lachte ab und zu und hob sein Glas zum Anstoßen. Mein Tischnachbar wollte mir etwas sagen, aber die Gelegenheit, mit „meinem" Bud Spencer zu plaudern, ließ ich mir durch nichts und niemanden nehmen. Ich erzählte ihm, wie toll ich Italien fand, wie sehr ich mich auf die Dreharbeiten freute und wie sehr ich seine Filme mochte. Er nickte immer sehr freundlich und lächelte. Endlich fasste ich Mut: „Carlo, darf ich mal etwas fragen? Das wollte ich schon immer wissen: Terence und Sie, sind Sie auch im echten Leben Freunde?" Stille. Carlo blickte mich an und lächelte wieder. Da stupste mich mein Tischnachbar an: „Carlo spricht kaum Deutsch, und Englisch kann er auch nicht."

Steuere deine Emotionen

Wann ist es gut, Emotionen zu zeigen und wann nicht? Wer Gefühle zeigt, ist leidenschaftlich, wirkt authentisch und lebendig. Wir lieben es, Emotionen zu sehen. Das gibt uns das Gefühl zu wissen, woran wir sind. Zeigt jemand keine Emotion, glauben wir, er will etwas verbergen. Erschreckenderweise gilt das auch für negative Emotionen. Das beste Beispiel ist Donald Trump. Er polterte während des Wahlkampfs durch Amerika und wurde dadurch, dass er so offen seine Emotionen zeigte, als ehrlicher wahrgenommen als seine Kontrahentin Hillary Clinton.

Möchtest du in manchen Situationen deine Emotionen kontrollieren, weißt aber nicht, wie? Dein Körper hilft dir dabei. Er sendet durch körpersprachliche Signale an das Gehirn, in welcher Emotion er sich befindet. Und das Gehirn schickt die erforderlichen Hormone los, um die Emotion zu unterstützen.

Grundemotionen aktiv hervorrufen

Wut und Ärger: Wut zu zeigen war lange im Business verpönt. Das hat sich gewandelt. Führungskräfte beispielsweise gehen dazu über, ihre Emotionen offener zu zeigen. Ob das immer gut ist, sei dahingestellt, Fakt ist aber: Emotionen verbinden, wenn auch manchmal auf die harte Tour.

Du kannst Wut in dir hervorrufen, wenn du die Stirn runzelst und die Zähne und Lippen aufeinanderpresst.

TIPP

Sobald wir die Emotionen des anderen in unserem Gesicht spiegeln, beginnen wir sie ebenfalls zu fühlen. Es gibt aber eine Emotion, von deren Nachahmung ich abrate, die Wut. Spiegelst du jemanden, der wütend ist, kann sich das leicht aufschaukeln. Ist jemand wütend, spiegle nicht wütend, reagiere nicht verächtlich und nicht ängstlich. Reagiere traurig. Damit rechnet niemand, und es sorgt für eine solche Verwirrung, dass die Wut sich etwas legen kann.

Ekel: Die Urgrimasse des Ekels ist ein geöffneter Mund und eine herausgesteckte Zunge. Das Überbleibsel des Würgereflexes, der unsere Vorfahren vor giftigen Pflanzen und verdorbenen Speisen geschützt hat. Forscher haben herausgefunden, dass die gleichen Hirnareale wie für Ekel aktiv werden, wenn wir unfair behandelt werden.

Du kannst Ekel in dir hervorrufen, wenn du die Nasenflügel rümpfst und die Stirn nach unten ziehst.

Verachtung: Verachtung kann positive oder negative Hintergründe haben. Es kann bedeuten, dass derjenige stolz ist und sich über die andere Person hinweghebt. Oder sie missbilligt ein Verhalten oder eine Information.

Du kannst Verachtung in dir hervorrufen, indem du einen Mundwinkel nach oben ziehst.

Trauer: Wenn wir traurig sind, sind unsere Sinne geschärft. Wir können Lügen besser entlarven und Botschaften hinter der Sprache besser erkennen. Das liegt daran, dass wir in negativer Stimmung mit Gefahr rechnen.

Du kannst Trauer in dir hervorrufen, indem du die Mundwinkel nach unten ziehst, deine Stirn in Falten legst und die Augenbrauen zusammen und nach oben ziehst. Schiebe zusätzlich deine Unterlippe nach vorne. Halte das ein paar Sekunden, und die Tränen kommen.

Angst: Angst ist die Emotion, die am schnellsten erkannt wird. Sie steht uns sprichwörtlich ins Gesicht geschrieben.

Du kannst Angst in dir hervorrufen, indem du die Augen aufreißt, die Augenbrauen hoch- und die Mundwinkel nach außen ziehst.

Überraschung: Überraschung kommt vor Angst oder Freude. Alle Informationsaufnahmekanäle gehen auf, Augen, Mund, Ohren.

Du kannst Überraschung in dir hervorrufen, indem du die Augen aufreißt, die Augenbrauen nach oben ziehst und deinen Mund öffnest.

Freude: Echtes Lächeln erkennst du, wenn sich kleine Fältchen um die Augen bilden.

Du kannst das Gefühl von Freude in dir hervorrufen, indem du die Mimik des Lächelns nachahmst. Verziehe die Mundwinkel zu einem breiten Grinsen, und nach wenigen Sekunden verspürst du gute Laune.

TIPP

Kennst du die Untersuchung, nach der Frauen, die blumige Düfte tragen, sechs Kilo leichter auf Männer wirken? Und Pampelmusenduft soll sogar das Alter um sechs Jahre verringern. Ich habe mit einem zitronigen Parfum den Selbstversuch gemacht, woraufhin mich an der Tankstelle eine Frau ansprach: „Darf ich Ihnen mal was sagen? Sie duften ganz toll!" Ich glaube, dass frischer, zitroniger Duft uns gute Laune macht. Dann lächeln wir mehr und wirken dadurch leichter.

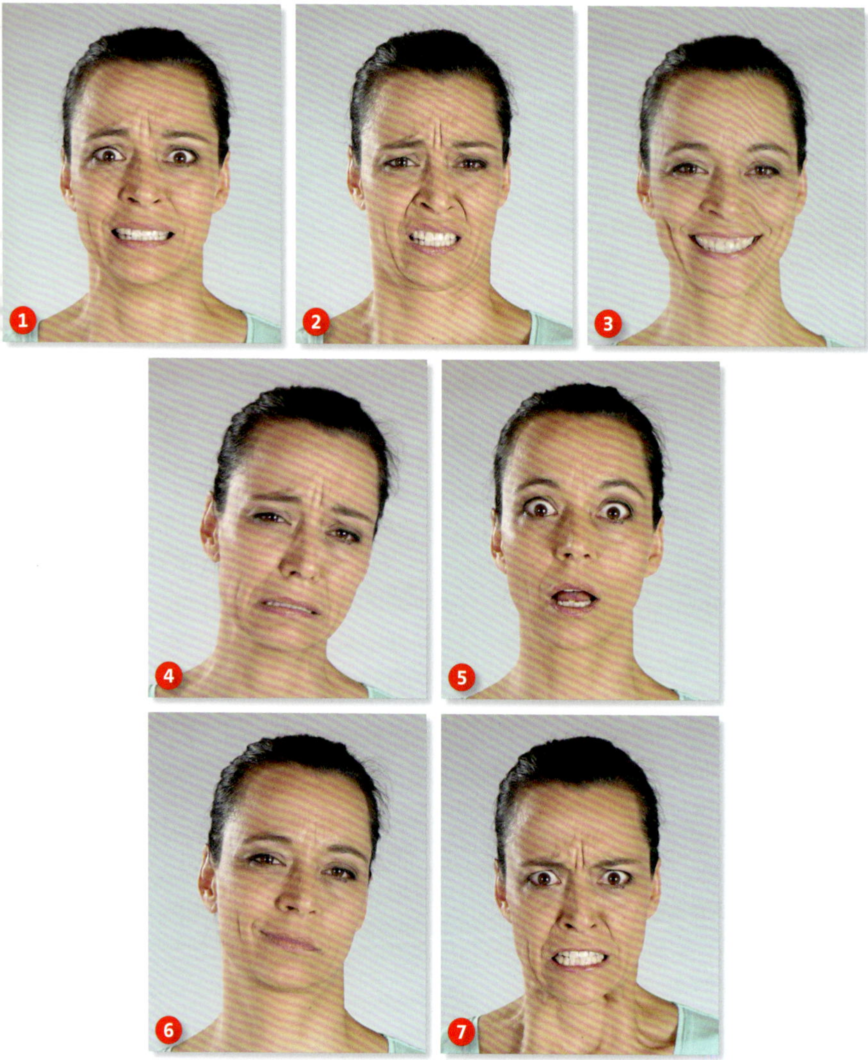

Die Grundemotionen Wut, Ekel, Verachtung, Trauer, Angst, Überraschung und Freude – versuche sie selbst zuzuordnen!

Lösungen: 1 Angst, 2 Ekel, 3 Freude, 4 Trauer, 5 Überraschung, 6 Verachtung, 7 Wut

Wenn du weißt, wie du diese Emotionen hervorrufen kannst, weißt du auch, wie du sie kontrollieren kannst. Nämlich indem du körpersprachliche Signale benutzt, die etwas anderes als die gerade empfundene Emotion ausdrücken.

Dein Körper hat einen machtvollen Einfluss auf deine Emotionen. Probiere es aus:

- Halte den Kopf hoch, und es fällt dir schwer, traurig zu sein. Es gibt sogar die Vermutung, dass ein Computerbildschirm auf Augenhöhe bessere Laune macht und so zu produktiverer Arbeit führt.
- Strecke die Brust raus und stemme die Hände in die Hüfte. Damit fällt es dir schwer, unsicher zu sein.
- Zieh die Augenbrauen gerade nach oben und versuche jetzt, wütend zu sein. Und? Es geht nicht, denn das ist die Mimik der Überraschung, und die ist völlig auf Informationsaufnahme gepolt und auf keine anderen Gefühle.

KÖRPERSPRACHE RICHTIG DEUTEN

Als ich begann, mich intensiv mit Körpersprache zu beschäftigen, veränderte sich die Welt um mich herum. Ich sah plötzlich Menschen, die das eine sagten, mit dem Körper aber etwas anderes ausdrückten: eine gebeugte Haltung, nervöse Hände, rote Flecken am Hals, abwehrend verschränkte Hände. Körpersprache zu richtig deuten, bedarf der Übung. Ich zeige dir in diesem Kapitel, worauf du achten musst, wenn du Signale siehst, um Fehlinterpretationen zu vermeiden. Und auch, was du machen kannst, um herauszufinden, ob du richtig liegst.

„Manche Menschen sprechen mit ihrem Körper so laut, dass einem die Augen weh tun."

Signale erkennen

Die Körpersprache ist die universellste Sprache. Distanzverringerung zusammen mit einem verliebten Blick versteht jeder irgendwie. Auch ein wütendes Gesicht zu erkennen, ist uns in die Wiege gelegt. Das hat unserer Spezies schon in der Steinzeit das Leben gerettet. Stell dir vor, dein Chef begegnet dir auf dem Flur. Wenn sich sein Gesicht verdunkelt, weißt du ganz genau, dass du dich beim nächsten Feedback-Gespräch warm anziehen musst.

Beim Deuten von Körpersprache ist es wichtig, den Kontext zu betrachten. Um mir schnell einen Überblick zu schaffen, stelle ich mir immer drei Fragen:

- In welchem Umfeld befindet sich die Person, die ich „lesen“ will?
- Welche Zeit ist es?
- Wer ist anwesend und wer kommt dazu?

Schauen wir uns die drei Themen genauer an.

TIPP

Es gibt oft kulturell bedingte Unterschiede, die du auf jeden Fall mit in deine Deutung einbeziehen musst. So gibt es zum Beispiel bei der Länge des Augenkontakts große Unterschiede. Das Distanzbedürfnis ist ebenfalls kulturell abhängig.

Beachte beim Lesen von Körpersprache immer den kulturellen Hintergrund des anderen. Die Körpersprache in diesem Buch behandelt unseren deutschsprachigen Kulturkreis. Interkulturelle Kommunikation ist ein gesondertes Feld. Wenn du mit fremden Kulturen, z. B. aus Asien, Kontakt hast, informiere dich vorher gut, was sie als Fauxpas betrachten und was es z. B. bei der Begrüßung zu beachten gilt, damit keine Missverständnisse entstehen.

In welchem Umfeld agiere ich?

Der Ort, an dem sich die Person befindet, ist eines der wichtigsten Faktoren bei der Interpretation. Es macht einen gewaltigen Unterschied, ob die Person sich in einem geschützten, ihm bekannten Territorium befindet, beispielsweise in seinem eigenen Büro, oder in einem fremden Umfeld.

TIPP

Um Sicherheit ausstrahlen zu können, mach dir den Ort, an dem du agieren wirst, so schnell wie möglich zu einem für dich als sicher empfundenen Ort. Gib deinem Gehirn die Gelegenheit, die Informationen zu verarbeiten, die neu auf es einwirken (visuell: Wie sieht der Raum aus?, olfaktorisch: Wie riecht es hier?, haptisch: Wie ist der Boden, die Stühle?, auditiv: Welche Geräusche hört man?).

Je besser wir den Ort kennen, je vertrauter wir damit sind und je klarer unser Unterbewusstsein geprüft hat, dass hier keine Gefahr droht, desto besser kann unser Gehirn alle anderen Informationen verarbeiten.

Die Tageszeit berücksichtigen

Es kann für die Körperhaltung mancher Menschen einen erheblichen Unterschied machen, ob es morgens oder abends ist. Ich erinnere mich an meine Zeit, als ich jeden Tag bei der Soap „Unter uns" gedreht habe. Morgens war ich frisch und ausgeruht. Das strahlte auch meine Körperhaltung aus. Aber nach zehn Stunden im Studio sank mein Körper in sich zusammen. Ich schlurfte mehr oder weniger aus dem Studio. Die körperliche tägliche Akkuleistung kann also Einfluss auf Haltung oder Bewegung haben. Genauso kann ein zu üppiges Mittagessen in einer Sitzung oder Verhandlung zu Fehlinterpretationen der Körpersignale führen. Lehnt sich jemand im Schnitzelkoma in seinem Stuhl zurück, um seinem Bauch Raum zu geben, wird das eher ein Zeichen für ein ausgiebiges Mittagessen und nicht für Ablehnung sein.

Beachte die Tageszeit: Diese Haltung kann auf ein Schnitzelkoma zurückzuführen sein und bedeutet nicht notwendigerweise Ablehnung.

Wer ist anwesend, wer kommt dazu?

Fühlen wir uns wohl und sicher, sind wir in vertrauter Runde mit Freunden oder Kollegen, mit denen wir uns sehr gut verstehen, dann entspannt sich unser Körper. Es gibt evolutionäre Gründe, warum wir unserer Körpersprache im Beisein oder Hinzukommen anderer Personen ändern.

Jeder hat das schon einmal erlebt. Ein Beispiel: Zwei Kollegen unterhalten sich über das Fußballspiel am Tag zuvor. Plötzlich kommt ihr Chef um die Ecke. Je nachdem, wie die Kollegen zum Chef stehen, werden sie ihre Körpersprache ändern. Der eine, der nicht gut klarkommt und schon eine Abmahnung bekommen hat, wird vielleicht zittrig in der Stimme werden, während der andere, der in der Firma noch viel vorhat, die Brust reckt und „Haltung annimmt". Was übrigens auch immer zu beobachten ist, ist das vermehrte Lachen oder Lächeln, wenn hierarchisch höher gestellte Personen hinzutreten. Das ist eine Unterwerfungsgeste: Die Person möchte unbedingt gefallen.

Ein weiteres Beispiel: Zwei Männer unterhalten sich, und eine hübsche Frau tritt hinzu. Sollten die Herren nun nicht ganz testosteronfrei sein, wird sich ihre Körpersprache unbewusst ändern: Der Brustkorb bläst sich ein wenig auf, so dass der Oberkörper breiter und stärker wirkt, und vielleicht verschwindet beim ein oder anderen sogar das Bäuchlein für einen Moment. Das ist völlig normal, und ich kann die Männer beruhigen: Auch Frauen ändern ihre Körpersprache, wenn Männer erscheinen.

Fehlinterpretationen sind erlaubt

Es kommt immer wieder vor, dass wir ganz schnell ein Urteil über jemanden fällen, den wir zum ersten Mal sehen. Wir entscheiden dann, ob er uns sympathisch oder unsympathisch ist oder sogar unheimlich, denn wenn wir unser Gegenüber nicht kennen, müssen wir mit dem vorliebnehmen, was wir wahrnehmen. Fehlinterpretationen gehören einfach dazu. Ich selbst mache ständig die Erfahrung, dass man nicht in den Rucksack des anderen hineinschauen kann, außer wenn er ihn für uns öffnet. So wie bei dem Mann, den ich am Bahnsteig beobachtete. Er tippelte nervös von einem Bein auf das andere, dabei nestelte er an seiner Aktentasche herum. Ich war sicher, er hatte einen ungemein wichtigen Termin vor sich. Oder er musste nach Hause zu seinem Hochzeitstag. Dann endlich kam der Zug, der Mann sprang fast hinein und verschwand sofort in der Toilette.

Das ist nur eines von vielen Beispielen, die ich im Laufe der Jahre erlebt habe. Ein anderes Mal hatte ich das Gefühl, dass mich mein Gegenüber mit großen Augen angestrengt anstarrte. Ich empfand das als unhöflich, aber dann nahm er seine Brille heraus und setzte sie auf. Sein Gesicht entspannte sich augenblicklich.

TIPP

Nur *ein* Signal gibt keinen ausreichenden Aufschluss darüber, wie sich jemand fühlt. Versuche immer mindestens zwei Signale zu erkennen, die zusammen deine Interpretation stützen.

Die meisten Fehlinterpretationen passieren, weil das Gegenüber in irgendeiner Weise gehandicappt ist: Rücken- oder Knieschmerzen, Kurz- oder Weitsichtigkeit und, und, und ... Es gibt eine Möglichkeit, Fehlinterpretationen zu vermeiden: Wenn es dich wirklich interessiert und du herausfinden willst, ob du richtig liegst, dann stelle elegant Fragen.

Stress erkennen

Gestresste Personen sind ein Fest für jeden Körpersprachleser. Denn unter Stress ist der Mensch so konzentriert auf das, was er sagt, dass er keine Gehirnkapazität mehr für die Kontrolle seiner Körpersprache frei hat. Deswegen arbeite ich so gerne bei Gericht. Ich setze mich in öffentliche Verhandlungen und beobachte Menschen, denn ich werde auch von Anwälten engagiert, ihnen zu ihrem Auftreten Feedback zu geben. Es ist gerade beim Plädoyer wichtig, souverän und überzeugend zu wirken, weil hier die letzte Möglichkeit besteht, das Ruder noch einmal herumzureißen. Aber auch die Beobachtung der Zeugen ist für mich überaus interessant.

Wenn du also jemanden siehst, der schon allein wegen der äußeren Umstände wahrscheinlich unter Stress steht, achte besonders auf die Körpersprache. Sie wird dir viel Aufschluss über die wahren Gedanken oder Gefühle des Gegenübers geben.

Angewohnheiten entlarven

Die Nase hochziehen, an den eigenen Haaren spielen oder Fingergelenke knacken lassen – das sind Angewohnheiten, die manchem lieb geworden sind. Angewohnheiten können dann entstehen, wenn sich jemand mit der Verhaltensweise wohlfühlt. Unbewusst behält er sie bei. Beim Deuten von Körpersprache ist nun genau der Moment interessant, in dem die Angewohnheit unterbrochen wird. Ich beobachtete einmal eine Zeugin bei Gericht, die vor jeder Antwort die Lippen einmal leicht aufeinanderpresste. Als die vierte Frage des Richters kam, erstarrte sie plötzlich und antwortete, ohne die Lippen vorher zu pressen. In diesem Moment hakte der von mir geschulte Richter nach. Die Zeugin wurde immer unruhiger und verstrickte sich in wirre Aussagen.

Das Unterbrechen einer Angewohnheit kann ein Signal sein, um nachzufragen. Betrachten wir Bill Clinton in seinem berühmtesten Interview. Sein Statement vor der Presse: „I did not have sexual relations with this woman, Mrs. Lewinsky [...] And I need to go back to work for the American people." Körperspracheexperten wollen an der erhöhten Blinzelrate festgestellt haben, dass er log. Ich habe mir die Blinzelrate mal genauer angesehen und gezählt: In vielen Reden oder Interviews hatte Clinton eine höhere Blinzelrate als in diesem Statement. Er hat es also geschafft, in genau dem wichtigsten Statement seiner Karriere weniger zu blinzeln als sonst.

TIPP

Beobachte dich im Alltag. Welche Bewegungen machst du und warum machst du sie? Wenn du erkennst, welche Emotionen dich zu Bewegungen motivieren, kannst du diese Erkenntnis auf andere transferieren. Im Grunde ticken wir nämlich alle ähnlich.

Every motion is emotion

Jede Veränderung in der Körpersprache ist ein Signal. Oder schöner auf Englisch: *Every motion is emotion*. In einer Situation, in der du das Gefühl hast, dich kratzen zu müssen, kannst du manchmal gar keine Ursache von außen erkennen, also keinen Mückenstich oder Ähnliches. Das Gehirn gibt den Befehl zum Kratzen, und der wird dann ausgeführt – bewusst oder unbewusst. Die Frage ist nun, wie du herausfindest, ob es ein von innen heraus motiviertes Signal ist oder tatsächlich nur ein Mückenstich.

Ein Beispiel: Beim Erstgespräch mit einem Coachee bat ich ihn, mir ein wenig über sich zu erzählen. Er begann: „Also, ich bin Hans Meier, 45 Jahre alt, verheiratet, zwei Kinder. Ich arbeite in einer großen Agentur, wir werden dieses Jahr expandieren und da werde ich als Geschäftsführer eingesetzt." Währenddessen blieb er ganz ruhig, nur an einer Stelle nestelte er an seinem Ringfinger herum, nämlich als er von dem Geschäftsführerposten erzählte. Ich ließ ihn weiterreden und sprach ihn danach darauf an: „Darf ich nochmal auf deine neue Position als zukünftiger Geschäftsführer eingehen?" – „Ja klar." Ich blickte ihm freundlich in die Augen: „Wie findest du die Idee?" Er erstarrte und sah mich erstaunt an: „Ich ... ähm, ich ... wollte den Job nicht. Ich würde viel lieber etwas ganz anderes machen. Aber woher weißt du das?" Ich wusste es nicht, aber ich hatte die Veränderung in seiner Körpersprache gesehen und die richtige Frage gestellt.

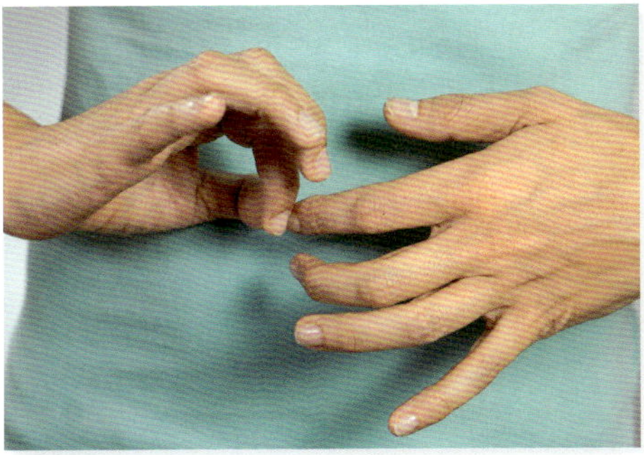

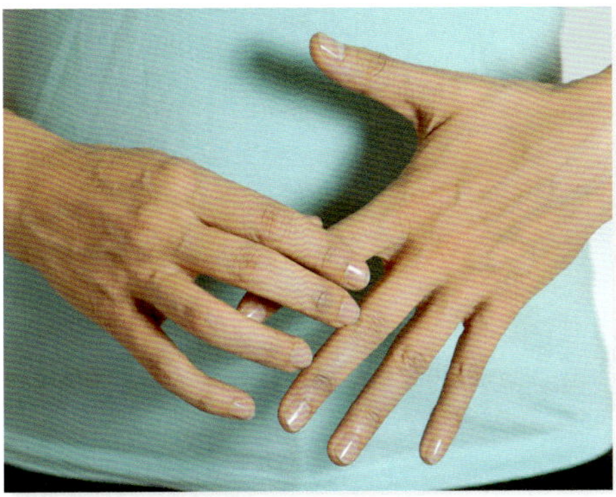

Every motion is emotion: Achte darauf, was dein Gegenüber mit seinen Fingern macht.

TIPP

Wenn du etwas siehst, das deine Aufmerksamkeit erregt, stelle eine offene Frage. Wenn dir keine einfällt, stelle eine Behauptung auf und beobachte die Reaktion. Zum Beispiel siehst du, wie jemand auf deine Aussage „Ich habe das Projekt jetzt angeleiert" eine Veränderung in der Körpersprache zeigt: Er runzelt kurz und fast unmerklich die Stirn. Du stellst die Behauptung auf: „Ich sehe, du bist verwirrt. Warum?" Da die Person davon ausgeht, dass alle anderen sich in der gleichen Welt wie sie befinden, wird sie es nicht befremdlich finden, wenn du ihre Gefühle siehst, und dir wahrheitsgetreu antworten, z. B. „Na ja, ich dachte, ich sei mit dabei, und jetzt habt ihr ohne mich angefangen."

ÜBUNG

Übe deine Beobachtung anhand von Videos, die du dir zuerst ohne Ton anschaust. Versuche zu verstehen, in welcher Stimmung sich die Personen befinden, welche Emotionen beteiligt sind und ob du Veränderungen im Verhalten bzw. in der Körpersprache siehst. Dann schau dir die Videos mit Ton an. Besonders gut geeignet sind z. B. Podiumsdiskussionen mit verschiedenen Meinungsansätzen oder Kanzlerduelle. Ich persönlich übe sehr gerne mit Sendungen, bei denen etwas verhandelt wird. Achte auf die Körperhaltung, die Gesten und die Kopfbewegungen. Was siehst du?

Hast du 'ne Macke?

Wir haben alle unsere Macken, unsere Tics, unsere Angewohnheiten. Verhaltensweisen, die wir liebgewonnen haben oder am liebsten loswerden würden. Meistens aber wissen wir gar nicht, welche Macken wir tatsächlich haben, zumindest nicht, welche körpersprachlichen Macken.

Was ist eine Macke überhaupt?

In meinem Seminar gehen wir auf Mackensuche. Das ist eine der wertvollsten Übungen, um etwas über die eigene Körpersprache und deren Wirkung herauszufinden. Eine Macke nenne ich eine Verhaltensweise, die wiederkehrend ist und die du dir angewöhnt hast. Das kann eine Macke sein, von der du weißt, dass du sie hast. Oder eine, die dir gar nicht bewusst ist.

Und hier fängt unsere Arbeit an. Macken haben nämlich ebenso eine Wirkung auf dein Gegenüber wie alle anderen körpersprachlichen Verhaltensweisen.

So eine Macke entsteht aus unterschiedlichen Gründen. Sie kann zum einen von äußeren Einflüssen ausgelöst werden. Ein Beispiel:

Eine Person hat Husten. Noch lange nach Genesung hüstelt sie weiter. Und zwar immer dann, wenn sie etwas „loswerden" will. Es kann also durchaus sein, dass das Hüsteln immer dann kommt, wenn die Person angespannt ist. Oder sie möchte weiter Aufmerksamkeit erhalten, etwa durch Genesungswünsche, à la „Wenn ich huste, hört man mir zu." Ähnliches gilt für Dauerschniefer, die die Nase hochziehen, selbst wenn sie schon längst keinen Schnupfen mehr haben, oder Essen-zwischen-den-Zähnen-Sucher, die nach einer ausgiebigen Zungenakrobatik eigentlich schon längst polierte Zähne haben müssten, aber ganz bestimmt keine Speisereste mehr zwischen den Zähnen.

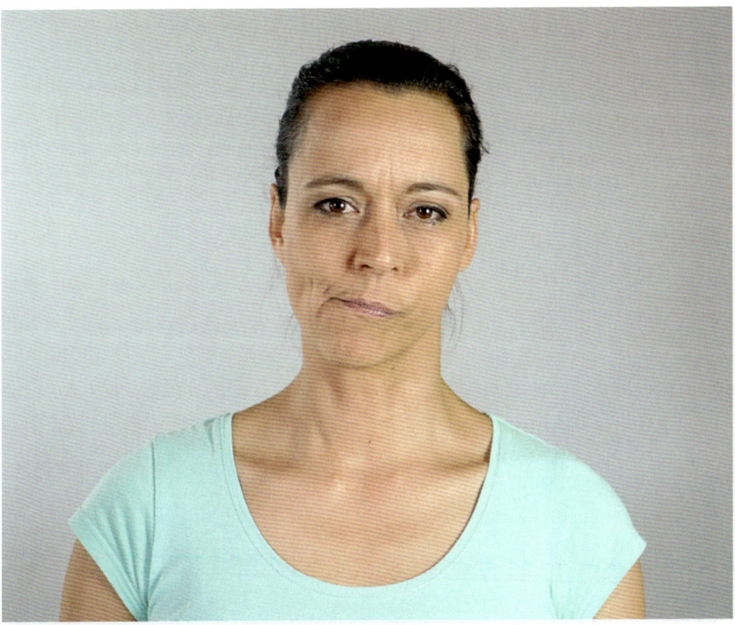

Macken können vielfältige Ausprägungen haben.

Der zweite Grund, warum Macken entstehen, ist von innen heraus, motiviert durch ein Gefühl, das die Person in einer bestimmten Situation dazu gebracht hat, eine bestimmte Bewegung zu machen, sich in gewisser Weise hinzustellen oder eine bestimmte Haltung einzunehmen. Beispiel: Ich halte mir beim Zuhören gerne den Finger nachdenklich an den Mund. Das habe ich mir irgendwann angewöhnt, weil ich mich dazu zwingen wollte, wirklich zuzuhören und nicht immer dazwischenzureden. Daraus ist eine Angewohnheit, ja fast schon Macke geworden. Sobald jemand in einer Besprechung zu reden beginnt, wandert mein Finger an meinen Mund.

Auch Macken haben Wirkung

Wir machen etwas unbewusst, spüren (auch unbewusst), dass es uns guttut, und machen es wieder. Wir vergessen aber, dass alles eine Wirkung auf unser Gegenüber hat.

In einem Seminar hatte ich einen Teilnehmer, einen ehemaligen Polizeibeamten. Er trug sein Kinn sehr hoch. Das hatte sich so im Laufe seines Berufslebens entwickelt, weil er gemerkt hatte, dass er damit einschüchternd auf seine „Kundschaft" wirkte. Nun war er schon seit Jahren nicht mehr im Dienst, hielt das Kinn aber immer noch hoch, pflegte also eine Verhaltensweise, von der er spürte, dass sie ihm weiterhin Respekt verschaffte.

Ich arbeite mit meinen Teilnehmern daran, die kleinen Macken an sich und ihre Wirkung auf andere zu entdecken. Hier ein paar Beispiele von Macken, deren mögliche Hintergründe und die Wirkung auf andere:

Was	Warum	Wirkung
Anstarren	„Ich sehe schlecht"	bedrohlich
Fußspitzen zeigen zusammen	„Ich habe ungleich lange Beine, und das ist die bequemste Stellung für mich"	unsicher, schüchtern
Kinn hoch	„Ich bin so klein und versuche mich größer zu machen"	arrogant
Kurze, steife Schritte	„Ich hatte eine Hüftoperation"	steif, fest, linientreu
Mann sitzt extrem breitbeinig	„Weil ich ein Mann bin und das bequem ist"	auf Frauen: unangenehm
Kann keinen Blickkontakt halten	„Ich kann mich sonst nicht konzentrieren"	unsicher, nervös
Spielt mit einem Stift	„Ich möchte den anderen nervös machen"	nervös
Zornesfalte	„Meine Augen sind lichtempfindlich"	unsympathisch
Lacht kaum	„Jemand hat mir mal gesagt, ich hätte keine schönen Zähne"	unsympathisch, traurig
Frau hält Kopf schräg beim Zuhören	„Ich bin eher so der liebe Typ"	sehr kommunikativ und zugänglich
Mann sitzt mit Armen verschränkt, sehr aufrecht und steif, die Beine gespreizt	„Ich fühle mich so wohl und habe seitdem keine Probleme mehr mit dem Rücken."	arrogant, überheblich, unnahbar
Mann hat lange Fingernägel	„Ich spiele leidenschaftlich Gitarre"	ungepflegt, nachlässig

Wenn ich mit den Teilnehmern übe, „verteile“ ich gezielt Macken: Ich teile jedem verdeckt einen kleinen Zettel aus, auf dem eine Macke steht. Ich habe mittlerweile ein sehr gutes Gespür dafür, welche Macke zu wem passt. Dabei unterscheide ich zwischen Macken, die die Teilnehmer bereits haben, und Macken, die sie nicht haben. Jeder muss nun im Folgenden die erhaltene Macke in einem Gespräch spielen. Nur in Nuancen, damit es interessanter zum Herausfinden wird. Die anderen müssen genau beobachten und sich notieren, welche Macke derjenige hat. In einer großen Feedbackrunde wird dann gesammelt. Manchmal kommen hierbei Macken heraus, die die anderen gesehen haben, die ich aber gar nicht zugeteilt habe. Das sind dann die echten Macken.

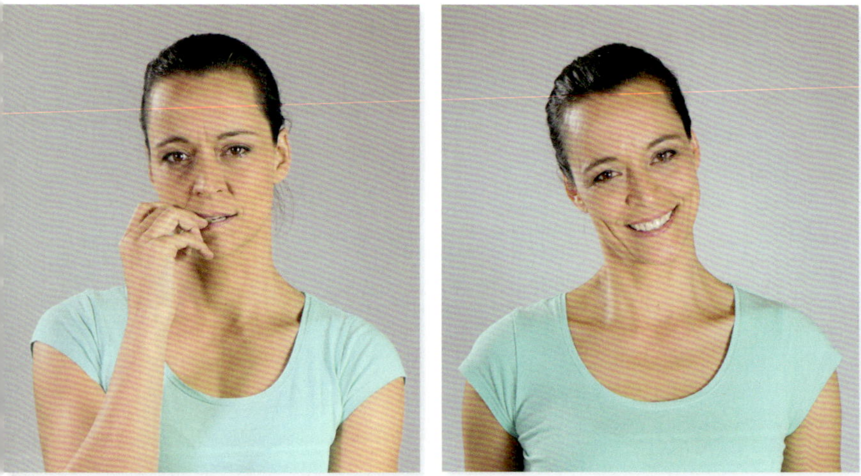

Nägel kauen, Kopf neigen oder ständiges Nicken beim Zuhören – die Palette an „Macken“ ist groß. Und: Jede erzeugt beim Gegenüber eine Wirkung.

Beispiele: Einer Frau, die sehr zugänglich und kommunikativ wirkte, gab ich die Macke „Neige den Kopf beim Zuhören leicht zur Seite." Kaum einer erkannte die Macke, weil sie so gut zu ihr passte. Einer Frau, die ein wenig zurückhaltend war, gab ich die Macke „Lass deine Fußspitzen zueinander zeigen." Keiner erkannte die Macke, aber alle meinten, die Frau wirke eher zurückhaltend. Einem Teamleiter, der eigentlich bei seinen Mitarbeitern wegen seiner freundlichen Art beliebt war, gab ich die Macke „Starre dein Gegenüber beim Sprechen an." Er wurde in dieser Übung als außergewöhnlich aggressiv wahrgenommen.

Die eigene Macke oder Macken herauszufinden ist sehr aufschlussreich. Manchmal wissen wir gar nicht, wie wir mit unseren kleinen liebgewonnen Angewohnheiten wirken. Aber ich kann Entwarnung geben: Macken machen auch sympathisch. Sie sind die Schokostückchen im Keks der Perfektion.

ÜBUNG

Beobachte dich einen Tag lang. Gibt es wiederkehrenden Verhaltensweisen und Bewegungen, die du gerne machst und mit denen du dich wohlfühlst, oder Körperhaltungen, die du gerne einnimmst? Hinterfrage, wie die Macke entstanden sein könnte. Überlege, welche Wirkung dein „Tic" auf dein Gegenüber haben könnte.

HINTER DIE MASKE SEHEN

Andere Menschen sind nicht immer einfach zu deuten, Unwahrheiten sind schwer zu entlarven. Wenn du aber die Signale des Körpers deuten kannst, gelingt es dir besser, so manchen scheinbar überzeugenden Satz deines Gegenübers als Lüge zu entlarven. Wie du lernst, Mikroexpressionen bei anderen zu erkennen und Körpersignale auszuwerten, erfährst du in diesem Kapitel.

„Jemanden wirklich zu sehen, heißt in sein Herz zu blicken."

Der Wahrheit auf die Spur kommen

Du solltest immer im Bewusstsein haben: Der Körper spricht vor dem Mund. Dass zuerst die Körpersprache Signale sendet und dann die Worte kommen, ist der Entwicklung des Gehirns geschuldet. Wir Menschen haben uns nun mal über Jahrtausende ganz gut mit dem Körper verständigt. Mehr als ein „Huga-huga!“ war da nicht drin. Vermutlich erst vor ca. 50000 bis 100000 Jahren kam das Sprechen dazu, also evolutionsbiologisch betrachtet noch nicht so lange.

Die anatomischen Voraussetzungen für das Sprechen waren schon lange gegeben, aber um das Sprechen auch aktivieren zu können, müssen Gedanken in Worte gefasst werden, und das dauert. In dieser Zeit hat der Körper schon längst reagiert. Das Gehirn hat gesendet: Blinzelrate erhöhen, Hand-zu-Mund-Geste vollziehen, erröten, schwitzen und vieles mehr. Deswegen kannst du der Körpersprache bei der Wahrheitsfindung mehr vertrauen als dem gesprochenen Wort.

ÜBUNG

Stell dich vor den Spiegel. Sag „Ich weiß es nicht“, zucke danach mit den Schultern und schüttle den Kopf. Dann kehrst du die Reihenfolge um: Zucke zuerst die Schultern und schüttle den Kopf, dann sage „Ich weiß es nicht.“ Was fühlt sich organischer, stimmiger an?

Meiner Erfahrung nach gibt es Menschen, die tatsächlich in andere hineinblicken können. Manche meiner Teilnehmer überraschen die ganze Gruppe mit Wahrnehmungen, die kein anderer bemerkt hatte. Sie nehmen sehr feine Änderungen in der Mimik und im Körper wahr und können sie intuitiv zuordnen. Eine Lüge kann jedoch niemand mit Sicherheit entlarven. Nicht einmal ein Lügendetektor. In Verhandlungen aber ist es manchmal ganz nützlich, sich nicht in die Karten blicken zu lassen. Du kannst wirken, wie du willst, wenn du weißt, worauf du achten musst.

ÜBUNG

So kannst üben, Regungen in der Mimik wahrzunehmen: Erzähle einem Freund ein paar Dinge über dich. Dieser schreibt sie auf. Dann schreibt er zwei bis drei Lügen dazu, die du nicht erfährst. Stelle eine Kamera auf, die dein Gesicht groß aufnimmt, während du direkt in die Linse blickst. Dein Freund stellt sich neben dich und stellt dich vor: „Das ist Petra, sie ist soundso viele Jahre alt, macht das und das, am liebsten macht sie das und das". Zwischendurch lässt dein Freund die Lügen über dich einfließen. Schaut euch danach das Video an. Hast du dein Pokerface bewahren können oder huschte bei der ein oder anderen Lüge eine Regung über dein Gesicht?

Es muss nicht sein, dass der Übende immer bei einer Lüge reagiert. Es kann auch bei einer Wahrheit sein. Und auch das ist ein guter Hinweis, in welche Richtung das Gespräch nun weitergehen könnte. Ich hatte eine Frau im Training, die über sich hörte, dass sie ein Familienmensch durch und durch sei und ihre drei Kinder über alles liebte. In diesem Moment begann sie tiefer zu atmen, und ihre Ausstrahlung wurde ganz weich und liebevoll. Sie strahlte, ohne dass man es an einer bestimmten Regung im Gesicht hätte festmachen können. Als wir sie nach der Übung fragten, was in diesem Moment mit ihr geschehen sei, sagte sie, sie habe nicht bemerkt, dass sie reagiert habe, aber ihre Kinder seien das Allerwichtigste auf der Welt für sie. Wenn du so etwas bei deinem Gegenüber bemerkst, weißt du, welches Thema jetzt die Bindung zwischen euch festigen kann.

ÜBUNG

Herauszufinden, ob dein Gegenüber lügt, kannst du üben. Bitte einen Freund, dir zu helfen. Zuerst musst du sein Verhalten kalibrieren. Das heißt, du musst erkennen, wie sein Verhalten ist, wenn er entspannt ist. Dazu stelle ihm Fragen, die er locker und wahrheitsgetreu beantworten kann: Name, Geburtsort, Familienstand, wo er zur Schule gegangen ist usw. Dann stelle ihm Fragen, die er wahrheitsgetreu mit Ja oder Nein beantworten soll. Danach stellst du ihm Fragen, die er nun nicht mehr laut beantwortet, sondern die Antwort nur denkt. Beispiele: „Hast du schon einmal etwas geklaut?", „Hast du schon mal jemanden so gehasst, dass du ihn am liebsten umgebracht hättest?", „War dein erstes Mal schön?", „Hast du schon einmal Steuern hinterzogen?" Jede Veränderung, die er abweichend von seinem entspannten Verhalten zeigt, kann ein Hinweis auf eine Lüge sein. Du wirst sehen, dass du an der Reaktion erkennst, was er denkt, ohne dass er ein Wort sagen muss.

Mikroexpressionen

Kleine, nur einen Wimpernschlag andauernde Bewegungen in der Mimik, die einer bestimmten Grundemotion zugesprochen werden, nennt man Mikroexpression oder Mikromimik. Diese Signale oder „Zuckungen" kann das Gehirn nicht kontrollieren und sie werden nicht einmal bewusst vom Sender wahrgenommen. Deswegen sind sie ein sehr wertvoller Hinweis auf eine Lüge. Sie sind für Ungeübte nur schwer zuzuordnen und als Geübter bedarf es geschickter Fragestellung, um den Grund für die plötzliche emotionale Beteiligung herauszufinden. Um es für dich zu vereinfachen, nenne ich dir hier ein paar mikromimische Signale, die ich in meinen Test immer wieder beobachten konnte und auf die du bei deinem Gegenüber achten kannst:

- Eine Seite der Nase wird hochgezogen (Ekel).
- Die Nasenflügel blähen sich (Wut).

- Zusammenpressen der Lippen (Wut).
- Die Stirn zieht sich zusammen, so dass kurz eine senkrechte Linie zwischen den Augenbrauen entsteht (Wut).
- Hochziehen eines Mundwinkels (Verachtung).
- Die Augen weiten sich kurz (Überraschung).
- Die Atmung geht schneller (oft an der Bewegung der Schultern zu erkennen) (Anspannung).
- Die Person wird rot (Anspannung).
- Die Blinzelrate steigt kurzfristig (Anspannung).

Aber nicht nur im Gesicht zeigen sich Mikroexpressionen. Auch in Füßen und Händen werden Emotionen sichtbar, oder darin, wie sich der Brustkorb hebt oder senkt. Es ist eine Frage der Übung: Mit der Zeit fällt dir jede Veränderung auf. Ob es nun im Gesicht oder im Körper ist.

TIPP

Wenn du dir nicht in die Karten schauen lassen willst, sei dir ganz sicher, was du in dieser Situation erreichen willst. Sei konzentriert und wisse, was dein Ziel ist. Du solltest alle Eventualitäten durchgespielt haben, damit du von einem überraschenden Spruch nicht aus der Bahn geworfen werden kannst. Die innere Einstellung steuert jede Regung in deinem Gesicht. Wisse, wer du bist und vor allem was du kannst.

Nun stellt sich die Frage, ob es immer gut ist, ein Pokerface zu wahren. Menschen, deren Emotion wir nicht erkennen, sind uns unheimlich. Wir müssen wissen, woran wir bei dem anderen sind. Wie und in welchen Situationen es gut ist, Emotionen zu zeigen und wie weit du gehen kannst, hast du im Kapitel „Mit Emotionen berühren“ erfahren.

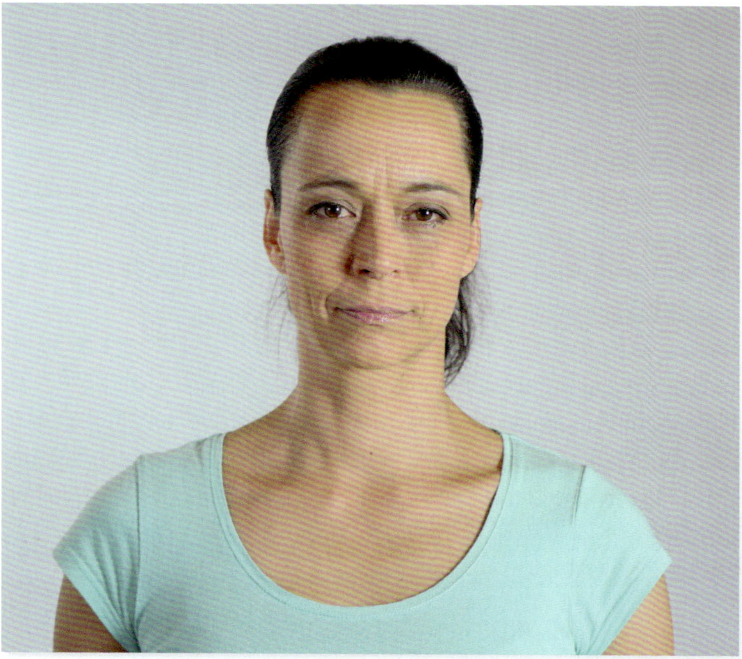

Wenn du dir nicht in die Karten schauen lassen willst, ist ein Pokerface angesagt.

ÜBUNG

Mach den Test auf www.yvonnedebark.de noch einmal. Du wirst sehen, dass du schon besser geworden bist. Hier findest heraus, wie gut du die Grundemotionen Wut, Angst, Trauer, Freude, Ekel, Überraschung und Verachtung, die die Basis für Mikromimik sind, erkennen kannst. Möchtest du bei anderen eine Lüge entlarven? Achte darauf – speziell bei Fragen wie „Mögen Sie dieses Produkt?“ oder „Wie findest du die neue Kollegin?“ –, ob der andere kurz vor der Antwort ein Zucken um die Nasenflügel hat. Das ist ein mikromimisches Signal für Ekel und könnte darauf hindeuten, dass eine Lüge folgt.

Erkenne, woran du bist

Würdest du gerne mit einem Blick erkennen, wie dein Gegenüber drauf ist? Das geht – mit dem Schneckenprinzip.

Eine Schnecke hat einen besonderen Schutz, ihr Haus. Es ist gegen Fressfeinde einigermaßen stabil. Dahin zieht sie sich zurück, wenn Gefahr droht. Die harte Schale bewahrt sie davor, gefressen zu werden. Wir Menschen schützen uns auch, ebenfalls mit unserer harten Schale. Wir haben aber auch verletzliche Stellen am Körper, die bei Gefahr verdeckt werden müssen. Wenn wir uns dagegen in Sicherheit fühlen, können wir die verletzlichen Stellen zeigen. Sobald du dieses Prinzip verstanden hast, kannst du sofort erkennen, ob dein Gegenüber sich grundsätzlich wohl oder unwohl fühlt. Da ist z. B. der Hals, der Bauch, die Innenseiten der Beine und Arme. Verletzlich sind alle Stellen, wo sich lebenswichtige Organe oder Adern befinden.

TIPP

Lass dich nicht von einem körpersprachlichen Signal alleine zu einer Interpretation verleiten. Suche ein weiteres Signal, das in die gleiche Richtung (negativ oder positiv) weist. Beispiel: Arme verschränken und eine ernste Mimik (negativ). Blickkontakt lösen und eine Hand am Kinn (zieht sich zurück, nimmt Abstand zum Nachdenken).

Hals

Schutz für den Hals bieten die Schultern, die bei plötzlicher Gefahr hochgezogen werden. Aber auch bei längerer Anspannung ziehen sich die Schultern zu den Ohren hoch, um den verletzlichen Hals zu schützen.

Um zu besänftigen, zeige deine verletzliche Halsseite und lächle sanft.

Der Hals kann ebenso durch das Absenken des Kinns geschützt werden. Meistens aber nehmen wir das Kinn hoch und zeigen unsere verletzliche Halsseite, um zu besänftigen: „Ich bin lieb, ich tu dir nichts, tu du mir auch nichts."

Das Absenken des Kinns wird eher als aggressiv wahrgenommen. Zusammen mit einer ernsten Miene und gerader Kopfhaltung wirkt die Stirn groß und gleichzeitig wird der Hals geschützt. Hast du schon mal einen Ziegenbock kurz vor dem Kämpfen gesehen?

Das Absenken des Kinns wird mit einer ernsten Mimik eher als aggressiv wahrgenommen.

Bauch und Oberkörper

Der Bauch bzw. Oberkörper wird meist durch die Arme geschützt, indem sie nach vorne zusammengenommen werden. Manchmal dient eine vorgehaltene Tasche zusätzlich zum Schutz. Du kennst das, wenn du auf einer Party stehst und niemanden kennst. Schnell nimmst du dein Smartphone, tippst darauf herum oder checkst Mails. Hast du bemerkt, dass du das mit beiden Händen machst, obwohl es mit einer Hand auch ginge? So bildest du unbewusst den ultimativen Schutz für dich. Das Problem ist aber, dass du auf anderen Seite durch die geschlossene Körperhaltung so wirkst, als wolltest du gar nicht angesprochen werden. So beißt sich die Katze in den Schwanz.

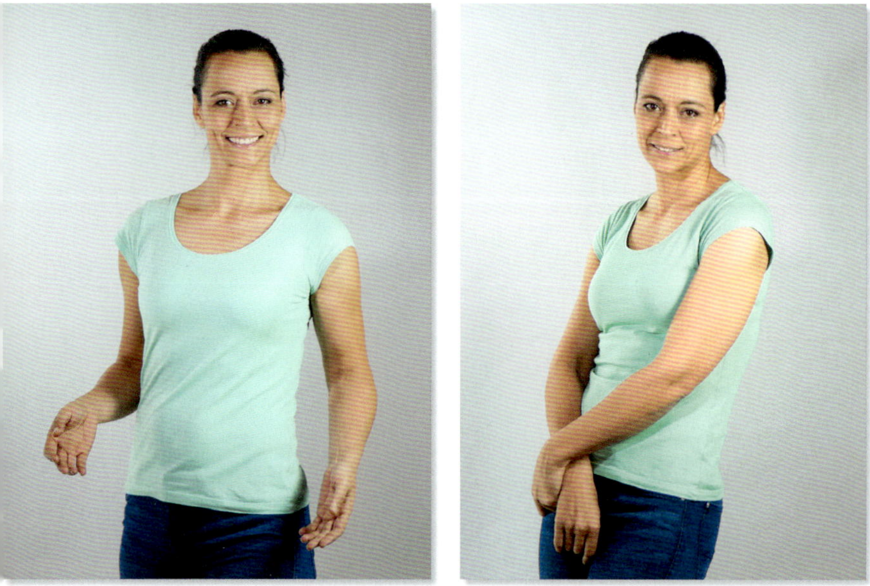

Eine offene Körperhaltung wirkt entspannt, eine geschlossene benutzen wir, um uns zu schützen.

Arme

An der Haltung der Arme erkennst du schon, ob die Person eher kommunikativ ist oder mehr mit sich beschäftigt. Weisen die Arminnenseiten leicht nach vorne, kannst du davon ausgehen, dass sich die Person im Moment eher offen und kontaktfreudig fühlt. Sie präsentiert unbewusst ihre verletzlichen Seiten.

TIPP

Möchtest du offen und kommunikativ wirken? Vermeide es, die Arme zu verschränken. Sitze mit den Händen locker auf der Tischfläche abgelegt.

Füße

Die Stellung der Füße gibt dir ebenfalls Aufschluss darüber, wie du der Person gegenübertreten solltest. Jemand, bei dem die Fußspitzen nach innen weisen, schützt die verletzliche Innenseite der Beine mit der robusteren Außenseite. Eine Frau, die auf einem Bein steht und das andere locker daneben aufgesetzt hat, wirkt kommunikativer, weil sie ihre verletzliche Innenseite präsentiert. Der Stand ist instabil, aber sie kann es sich in diesem Moment leisten, weil sie sich sicher fühlt.

TIPP

Achte auf deine Fußstellung: Zeigen die Fußspitzen nach außen? Oder nach innen? Lass sie parallel. Nach innen wirkt unsicher, weil du wenig Raum einnimmst. Nach außen wirkt aufdringlich, weil du unbewusst in das Territorium des anderen eindringst. Halte sie parallel, dann wirkst du weder unsicher noch aufdringlich.

ÜBUNG

Schau dir mein Video „Körpersprache richtig deuten – Stimmungen erkennen" an und versuche zu erraten, welche Rede ich halte.

https://yvonnedebark.de/wirke-wie-du-willst/

Emotionen ohne Mimik – geht das?

Können wir Emotionen lesen, ohne die Mimik zu sehen? Die Mimik gibt uns exzellente Hinweise auf die Emotionen, die das Gegenüber fühlt. Aber ist es möglich, diese auch zu erkennen, wenn wir keine Signale vom Gesicht bekommen? Ich wollte der Sache auf den Grund gehen und habe deswegen eine Übung entwickelt, bei der das Gesicht von einer Maske bedeckt ist, so dass man nur die Signale des Körpers sehen kann.

Die gängigsten Emotionen oder Stimmungen, die gezeigt werden sollten, waren wütend, fröhlich, ängstlich, skeptisch, verliebt, traurig, nervös und gelangweilt, ja sogar „high“ und „erregt“ nahmen wir mit in den Test auf. Das Ergebnis war jedes Mal umwerfend. Ich bat die Teilnehmer, sich eine Emotion auszusuchen, aber nicht zu benennen, welche. Nun sollten sie die Maske aufsetzen und die Emotion so nuanciert wie möglich umsetzen. Dabei half ein kleiner Tipp aus der Schauspielschule: Sie sollten sich eine Situation vorstellen, in der sie so empfunden hatten, und sie nachfühlen.

Natürlich zeigen sich die Emotionen bei unterschiedlichen Persönlichkeiten in unterschiedlichen Ausprägungen oder Varianten. Aber erkannt werden sie immer, selbst wenn sie noch so klein gezeigt werden. Die beobachtenden Teilnehmer erkennen sofort einen angespannten Oberkörper, leicht geballte Fäuste und eine erhöhte Atemfrequenz, wenn der Vorspielende Wut zeigt. Sie erkennen Freude an der beschwingten Bewegung im Körper. Angst zeigt sich durch einen zurückweichenden Körper. Skepsis wird an der zurückgenommenen Haltung und Hand-zu-Gesicht-Gesten erkannt. Bei Trauer senkt sich der Kopf, und der Körper erschlafft. Nervosität zeigt sich meistens durch mehr Bewegung im Körper, vor allem in den Händen oder Fußspitzen.

Skepsis drückt sich in einer zurückgenommenen Haltung und Hand-zu-Gesicht-Gesten aus.

Bei der Emotion „verliebt“ geht der Kopf verträumt nach oben oder neigt sich zur Seite, und im Körper sind weiche, sanfte Bewegungen zu sehen. So ist es zumindest bei Frauen. Bei Männern sorgt der körpersprachliche Ausdruck für „verliebt“ oft ob der ausgefeilten Kreativität für Erheiterung: Meistens verkörpern die Männer in meinen Seminaren dies mit einem enthusiastischen Kniefall, bei dem sie die Hände flach auf ihr Herz legen. Subtiler ist die Körpersprache im Alltag: Wenn Männer einer Frau begegnen, die sie attraktiv finden, kann man beobachten, wie sie sich im Oberkörper aufrichten, so dass sie größer wirken. Ob dies nun direkt „verliebt“ ist oder zunächst nur ein gewisses unbewusstes Interesse widerspiegelt, entscheidet sich im Einzelfall.

Es ist also möglich, Emotionen nur im Körper zu erkennen. Ist es aber auch möglich, eine ganze Reihe von wechselnden Gedanken zu erkennen? Ich verfeinerte den Test. Ich bat einen Teilnehmer, sich die Maske aufzusetzen und eine Situation von Anfang bis Ende durchzuspielen, die ihm so vertraut war, dass er sich währenddessen ganz auf seine Gedanken konzentrieren konnte. Dabei sollte er wieder die Maske tragen. Wir setzten uns an einen großen Tisch, und der Übende betrat den Raum. Die Aufgabe der Zuschauer war es, seine Gedanken auszusprechen. Danach sollte er uns mitteilen, inwiefern wir richtig lagen. Ein Beispiel:

- Der Proband mit Maske betritt den Raum und setzt sich rasch an den Tisch, sein Kopf wendet sich schnell von links nach rechts, er scheint hektisch in die Runde zu blicken. → Möglicher Gedanke: „Mist, ich bin zu spät, hoffentlich sagt keiner was."
- Er schiebt seinen Kopf nach vorne in Richtung eines Zuschauers und hält kurz inne. → Möglicher Gedanke: „Was hast du gesagt? Ist das dein Ernst?"
- Er lehnt sich zurück und verschränkt die Arme und nimmt das Kinn hoch. → Möglicher Gedanke: „Na, das hör ich mir jetzt mal genauer an."
- Er dreht den Kopf weg und schnauft hörbar aus. → Möglicher Gedanke: „Nein, so habe ich mir das nicht vorgestellt."
- Er kommt nach vorne, legt den Kopf schräg und blickt einen Zuschauer an. → Möglicher Gedanke: „Das gefällt mir, was du sagst."

Letztendlich wissen wir nicht, was hinter der Maske eines Menschen wirklich abläuft. Und das ist vielleicht auch manchmal gut so. Aber dieser Test hat eindrucksvoll gezeigt, dass unsere Erfahrung und Intuition eine große Hilfe sein können, wenn wir den Menschen gegenüber zu verstehen versuchen.

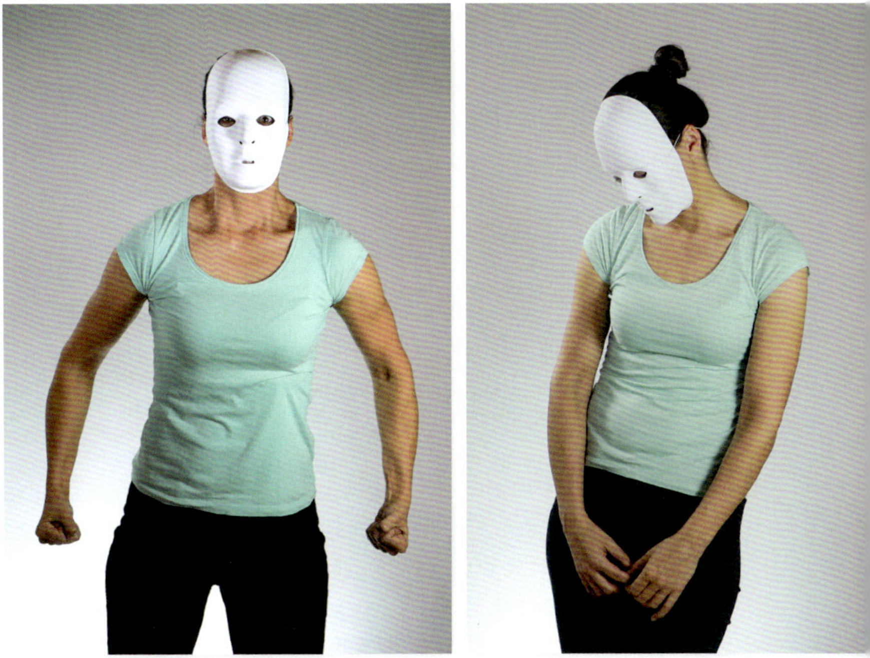

Trotz Maske kann man auf die Emotion dahinter schließen.

BEIM ERSTEN MAL BEEINDRUCKEN

Für den ersten Eindruck gibt es keine zweite Chance, deswegen sind wir ja auch nervös, denn natürlich will jeder Mensch beim ersten Mal einen guten Eindruck machen. Schließlich geht es um viel: Anerkennung, Beliebtheit, Geld … Im Folgenden habe ich ein paar Tipps für dich, wie du im ersten Kontakt eine gute und sympathische Verbindung zu deinem Gegenüber herstellen kannst.

„Wenn du nicht dem anderen gefallen willst, sondern dir gefällst, dann gefällst du dem anderen."

Der erste Kontakt entscheidet

Die eigene Wirkung im ersten Eindruck zu kennen, ist für die meisten in ihrem Beruf oder Privatleben ein wahrer Schatz. Würdest du nicht gerne wissen wollen, wie du von Fremden wahrgenommen wirst? Ich mache im Einzelcoaching mit meinen Coachees einen Test, der sehr viel Mut von ihnen erfordert, bei dem sie aber innerhalb einer Stunde so viel über sich lernen wie noch nie zuvor. Dazu lasse ich sie einen Fragebogen über sich ausfüllen, in dem sie sich selbst beurteilen sollen, was sie glauben, wie freundlich sie sind, wie teamfähig sie sind, wie ordentlich sie sind, wie strukturiert sie sind, wie konfliktfähig, wie kompetent usw. Dann füllen sie den gleichen Bogen aus, aber dieses Mal kreuzen sie an, was sie denken, wie die anderen sie einschätzen.

Mit dem dritten Bogen gehen wir auf die Straße, und der Coachee spricht wildfremde Menschen an, um sie um eine Beurteilung seines ersten Eindrucks zu bitten. Es gibt hier die Kategorie „Ich beurteile doch niemanden, das steht mir nicht zu“, die große Angst davor hat, jemanden zu beurteilen, weil sie selbst nicht beurteilt werden will. Dem liegt eine tief verwurzelte Angst zugrunde, nach einer Bewertung abgelehnt zu werden. Dann gibt es noch die Reaktion „Woher soll ich denn wissen, wie Sie sind, ich kenne Sie ja nicht.“

Hier wird es interessant. Denn sobald der Coachee beginnt, mit den Leuten zu reden, und ihnen erklärt, dass er über sich selbst etwas lernen möchte, ist schon so viel Zeit vergangen und sind so viele unbewusste Informationen über Stimme, Geruch, Körperhaltung und Bewegung geflossen, dass das Gehirn der Passanten sich längst ein Bild gemacht hat. Das geschieht intuitiv über Stimme, Geruch, Körperhaltung, Bewegung, Mimik und Gestik. Die meisten füllen den Fragebogen dann rasch aus. Wir notieren daneben das geschätzte

Alter, das Geschlecht, den vermuteten oder erfragten Berufstand und wie gewissenhaft der Bogen ausgefüllt wurde. So können wir später nützliche von weniger nützlichen Einschätzungen unterscheiden.

In der Auswertung werden die Ergebnisse übereinandergelegt. Die meisten Coachees schätzen sich schlechter ein, als sie von den angesprochenen Fremden eingeschätzt werden. Das kann daran liegen, dass einige Passanten lieber eine bessere Bewertung geben, um sich selber besser zu fühlen. Aber selbst wenn man bei jeder Fremdbewertung einen Punkt abzieht, schneidet der Coachee immer noch besser ab, als er sich selbst eingeschätzt hat. Das zeigt wunderbar, wie wir dazu tendieren, unser Licht unter den Scheffel zu stellen – aus welchen Gründen auch immer, sei es aus Bescheidenheit oder aus tatsächlicher Fehleinschätzung unserer Wirkung auf andere. Bei dieser Übung ist der Teilnehmer natürlich darauf bedacht, einen so positiven Eindruck wie möglich zu machen. Und was soll ich sagen: Es gelingt immer.

Die wertvollsten Ergebnisse bei diesem Test sind übrigens nicht wie vielleicht vermutet die Übereinstimmungen, sondern die extremen Abweichungen zwischen Selbstwahrnehmung und Fremdwahrnehmung. Denn das sind die Punkte, an denen man am besten arbeiten kann.

ÜBUNG

Stell dich vor den Spiegel. Wie siehst du aus, wenn du ein ganz normales entspanntes Gesicht hast? Die meisten Menschen wirken dann traurig oder sehr ernst. Wenn du dir dessen bewusst bist, wirst du dein Lächeln öfter mal strahlen lassen.

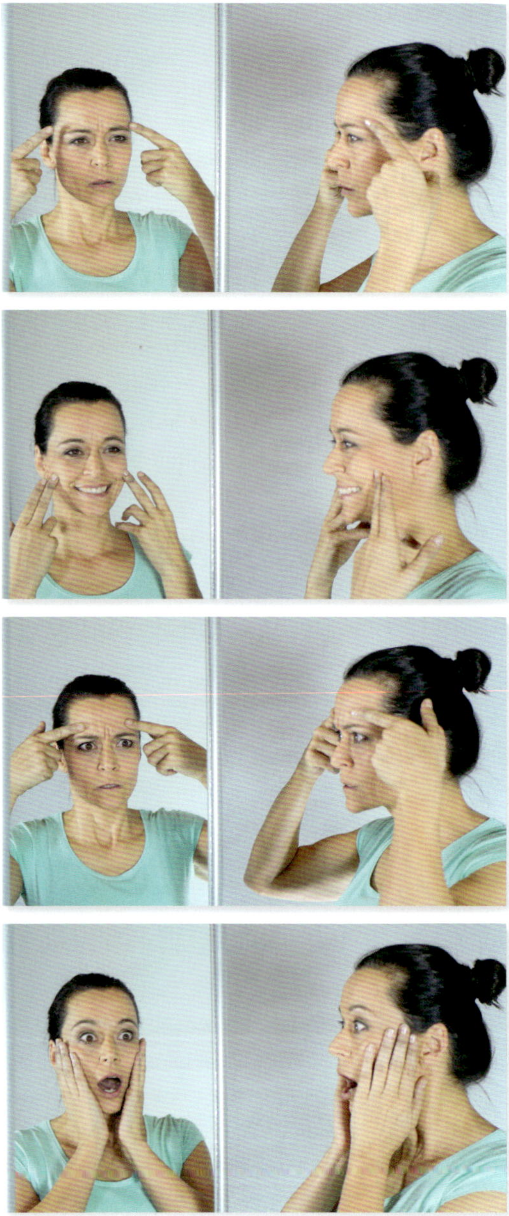

Vor dem Spiegel kannst du verschiedene Gesichtsausdrücke ausprobieren.

Wir wissen mittlerweile sehr gut, dass es für den ersten Eindruck keine zweite Chance gibt. Und dieses Wissen setzt uns unter Druck. Natürlich wollen wir einen tollen ersten Eindruck machen. Er kann Reputation, Geld, Anerkennung oder Beliebtheit bedeuten. Oder alles gleichzeitig. Daher ist es wichtig, im ersten Kontakt eine gute und sympathische Verbindung zu deinem Gegenüber herzustellen, getreu dem Motto „Wer den Verkäufer liebt, liebt auch das Produkt.“ Ich habe mit einer großen amerikanischen Firma trainiert, die speziell ausgebildete Leute haben, deren einziger Job es ist, sich mit den Kunden anzufreunden. Man könnte sagen, es ist ein Kundenkuscheljob. Um die Verhandlungen kümmert sich dann im weiteren Verlauf jemand anderes.

TIPP

Unser Gehirn sucht beim ersten Zusammentreffen mit einer unbekannten Person nach Gesichtern in seiner Datenbank, die es schon kennt. Findet es Übereinstimmungen, entscheiden die Gefühle im Zusammenhang mit dieser schon bekannten Person darüber, ob du die neue Person magst oder nicht. Beispiel: Du triffst jemanden, den dein Gehirn als deiner ersten großen Liebe ähnlich erkennt. Sofort sagt dein Gehirn dir, ohne dass du weißt warum: „Den mag ich.“ Oder du triffst jemanden, der deiner Tante ähnelt, die dich als Kind bei der Begrüßung immer abgeschlabbert hat. Dein Gefühl sagt dir über die neue Person: „Die mag ich nicht, und ich weiß nicht warum.“

Es beginnt mit der Haltung

Warum ist eine gerade Haltung in der Körpersprache so wichtig? Je größer und aufrechter wir wirken, desto gesünder und stärker wirken wir. Eine aufrechte Haltung suggeriert Führungsqualitäten, und die Person wirkt kompetent auf uns. Als Schauspielerin habe ich die verschiedenen Wirkungen unterschiedlicher Körperhaltungen auf den Zuschauer gelernt und weiß, welche Wirkung zu welcher Rolle passt.

Hängende Schultern, vorgeschobenes Becken, Standbein-Spielbein mit Fußspitzen nach innen gerichtet, die Armaußenseiten nach vorne gedreht und den Kopf kraftlos nach vorne unten gerichtet: Das waren Rollen, die im Leben nichts zu sagen hatten. Rollenbeschreibung: Mitläuferin, unsicher, kraftlos, erschöpft, hat keine eigene Meinung und kein Durchsetzungsvermögen. Eine gute Haltung dagegen war beispielsweise erforderlich bei der Rolle als selbstbewusste Anwältin, durchsetzungsstarke Polizistin oder kompetente Ärztin.

Die Haltung sagt alles: unsicher, kraftlos, erschöpft oder selbstbewusst und durchsetzungsstark?

ÜBUNG

Mit der „Fadenübung" behältst du eine gerade Haltung: Stell dich schulterbreit hin. Strecke die Knie nicht ganz durch. Denke dir nun einen Faden, der aus dem Scheitelpunkt nach oben bis an die Decke zieht. Wichtig ist, dass der Faden nicht aus der Mitte des Kopfes zieht, sondern im hinteren Bereich, sonst geht dein Kinn zu weit nach oben.

Dein Po geht etwas nach innen, dein Bauch geht etwas nach innen, deine Wirbelsäule wird Wirbel für Wirbel auseinandergezogen. Das Blut kann zirkulieren, du fühlst dich wacher und selbstsicherer. Wenn du jetzt das Gefühl hast, deine Schultern fallen immer noch nach vorne, hebe das Brustbein ein wenig an. Stell dir vor, es wachsen riesige Engelsflügel aus deinen Schulterblättern, deren Gewicht die Schultern angenehm nach hinten zieht und deren Spitzen bis zum Boden reichen.

Anfangs wird sich das seltsam fremd anfühlen, aber der Effekt auf dein Auftreten wird enorm sein. Du wirst merken, wie dein Nacken dadurch lang und besser durchblutet wird und du dich dadurch wohler fühlst. Probiere die Fadenübung im Auto auf langen Strecken aus, das wirkt Wunder auf die Konzentration.

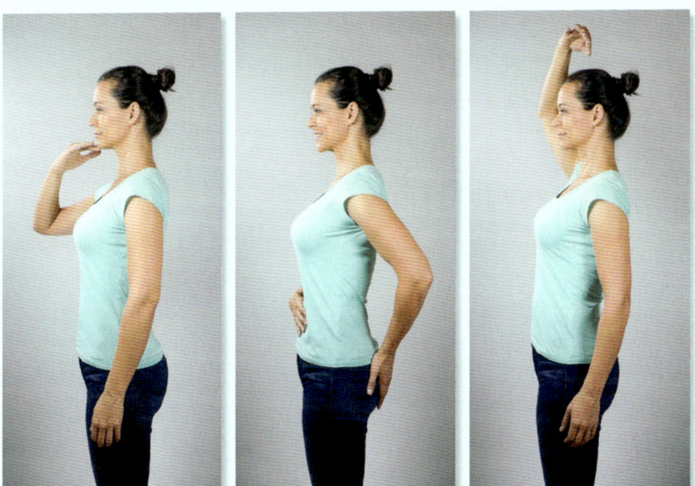

Mit der Fadenübung behältst du eine gerade Haltung.

Mit Ankern arbeiten

Das ist einfach, aber du musst dein Gehirn dafür ein wenig „umprogrammieren“. Ich arbeite in meinen Coachings mit sogenannten „Ankern“. Das ist ein Ausdruck aus dem NLP (Neuro-Linguistisches Programmieren). Beim Ankern wird ein Auslöser mit einer Stimmung, einem Gefühl, einer Handlung oder einem Gedanken in Verbindung gebracht. Das kann ein visueller Anker sein, ein auditiver (Lied, Geräusch), ein olfaktorischer (Parfüm), ein kinästhetischer (Berührung, die Konsistenz eines Stoffes) oder ein gustatorischer Anker (Geschmack aus der Kindheit). Wenn es dir gelingt, einen Anker mit der Fadenübung zu verbinden, steht einem erfolgreichen Auftreten nichts mehr im Wege. Wichtig ist, dass du deinen eigenen Anker findest. Kein anderer ist so nah an deinem eigenen Gehirn wie du selbst.

TIPP

Anker kann alles Mögliche sein. Zum Beispiel stellst du Verbindung zwischen deinem Smartphone, das du in die Hand nimmst, und deiner Haltung her. Beim Durchschnitt der Deutschen wäre das ungefähr 80-mal am Tag. Stell dir vor, du würdest 80-mal am Tag deine Haltung korrigieren, es würde zwei Tage dauern, und danach stündest du wie eine Eins.

Das ist dir zu oft? Dann lass dich jedes Mal, wenn du eine bestimmte App auf deinem Handy öffnest, von dem Faden in den Haltungshimmel ziehen. Immer noch zu abstrakt? Dann mach es wie ich: Ich habe durch das Feedback anderer Menschen erfahren, dass ich kompetenter und charismatischer wirke, wenn ich an den Faden denke und meine Haltung straffe. Seitdem ist für mich mein Anker die Situation, in der ich gut wirken möchte.

Mir ist einmal etwas passiert, anhand dessen mir der Unterschied zwischen lascher und präsenter Haltung klar und deutlich vor Augen geführt wurde. Ich saß mit einem Date in einem Restaurant. Es lief so lala, er erzählte viel von sich, was mich auf die Dauer ermüdete. Ich machte das, was ich immer mache, wenn ich Gehirnkapazität frei habe: Ich beobachtete mich von außen. Ich überlege dann, wie ich sitze, welche Haltung ich habe, wie meine Mimik ist, wo meine Hände sind. Dann trete ich im Geiste neben mich, betrachte mich und überlege, wie das auf mein Gegenüber wirken könnte. Wenn du das machst, lernst du unglaublich viel über dich selbst (und als i-Tüpfelchen bekommst du plötzlich ein Gefühl dafür, was das gleiche Verhalten bei anderen bedeuten könnte).

Ich trat also in Gedanken neben mich und sah mich dasitzen, gelangweilt, zusammengesunken, die Schultern hängend. Ich musste was tun. Also zog ich den imaginären Faden aus dem Scheitelpunkt nach oben. Mein Oberkörper richtete sich langsam auf, meine Wirbelsäule richtete sich auf, und plötzlich saß ich gerade und präsent.

Was nun passierte, veränderte mein Bewusstsein über die Macht der Haltung radikal. Mein Gegenüber hielt abrupt in seinem Monolog inne, blickte mich verwundert an, und ein sanftes Lächeln umspielte seine Mundwinkel. Er begann plötzlich Fragen zu stellen, zeigte Interesse an meiner Person, und wir plauderten in gleichen Redeanteilen angeregt über Gott und die Welt.

Mein Anker ist seitdem: Immer, wenn ich wirken möchte, denke ich an den Faden, sei es im Gespräch oder auf der Bühne. Und weil wir hier ja unter uns sind, verrate ich dir ein Geheimnis: Ich habe mir einen ca. 10 cm langen gewachsten Faden an meinen Schlüsselbund geknotet. Immer wenn ich ihn sehe, auch wenn gerade keine Notwendigkeit besteht, besonders gut wirken zu müssen, richte ich mich automatisch auf. Mein Rücken dankt es mir.

Und noch eine nette Geschichte zum Abschluss des Kapitels. Einen Anker kann man immer nur aus seinem eigenen Repertoire setzen. Aber einmal jammerte ein Coachee so lange, dass ihm nichts einfiele, bis ich ihm Folgendes vorschlug: „Also, du bist ein Mann. Du denkst mindestens viermal am Tag an Sex. Jedes Mal, wenn du an Sex denkst, denkst du an den Faden, okay?“ Er lachte, nickte und ging. Wochen später sah ich ihn auf einer Veranstaltung am anderen Ende der Bar stehen. Er stand eingesunken da wie immer. „Na toll“, dachte ich, „du bist ein toller Coach, Yvonne, hast du ja super gemacht.“ Da erblickte er mich, richtete sich plötzlich auf, kam aufrecht und präsent auf mich zu und grinste mir ins Gesicht.

Der Türrahmentrick

Hast du noch keinen Anker gefunden? Ich gebe dir noch eine Anregung. Bevor du einen Raum betrittst, in dem du wirken möchtest, stellst du dir vor, dass deine Lieblingsspeise vom oberen Türrahmen hängt und du nur danach schnappen musst, um in den Genuss zu kommen. In dem Moment also, wenn du durch den Rahmen trittst, streckst du dich nach oben, stellst dir vor, wie du danach schnappst, und dein Körper richtet sich auf. Sobald du dann durch die Tür bist, denkst du beim nächsten Schritt an den Faden, der aus deinem Scheitelpunkt zieht, achtest darauf, dass dein Nacken lang wird und dein Kinn so nicht zu hoch gerät, und schon wirkst du präsent und kompetent. Ich stelle mir übrigens immer vor, dass ein knuspriger Bacon vom Türrahmen hängt.

ÜBUNG

Stell dich seitlich vor eine Kamera, um deine Haltung zu überprüfen. Jetzt müsstest du eine gerade Linie von den Knöcheln bis zum Ohr durch alle Gelenke ziehen können.

Stell dir vor, dass deine Lieblingsspeise vom Türrahmen herabhängt.

Die Macht der Berührung

Berührung spielt in der Körpersprache eine enorm wichtige Rolle. Zum einen sind wir, wenn wir uns berühren, definitiv nahe genug, um über den Geruchssinn wertvolle Erkenntnisse über den anderen zu bekommen. Zum anderen wird durch die Haut eine unglaubliche Menge an unbewussten Informationen übertragen. Eine Berührung setzt das Hormon Oxytocin frei, das uns Sicherheit und Geborgenheit fühlen lässt. Oxytocin verstärkt beim Stillen die emotionale Bindung zwischen Mutter und Baby, ist aber auch im Erwachsenenalter wirksam und fördert eine vertrauensvolle Basis. Es ist ein enormer Kitt zwischen Menschen. Wenn wir von vertrauten Personen berührt werden, fühlen wir uns wohl und entspannen uns. Was aber passiert, wenn wir von fremden Personen berührt werden?

Studien zeigten, dass Passanten, die leicht berührt wurden, eher eine Spende gaben, als solche, die nicht berührt wurden. Bei einer späteren Befragung der Berührten konnten sich viele nicht entsinnen, überhaupt berührt worden zu sein. Ich wollte dieses Ergebnis verifizieren. Bei einem Seminar begrüßte ich die Teilnehmer am Eingang mit einem Handschlag. Manche berührte ich im Laufe des kleinen Smalltalks oder wenn ich sie zum Platz bat, leicht am Arm, ohne dass sie es bewusst wahrnahmen. Später fragte ich beiläufig, wie wohl sich jeder Einzelne auf einer Skala von 1 bis 10 von Anfang an gefühlt hatte. Bei denen, die während der allgemeinen Begrüßung und Platzfindung mehr Berührung als den Handschlag erfahren hatten, gaben acht von zehn an, sich von Anfang an sehr wohlgefühlt zu haben. Als ich sie fragte, ob sie berührt wurden, sagten fünf von ihnen: „Nein, nur der Handschlag."

Berührungen können zwischen Menschen wahre Wunder bewirken. Wie diese Berührungen allerdings stattfinden, ist eine sehr sensible Angelegenheit und kommt stark auf die andere Person an. Manche

Menschen mögen es grundsätzlich nicht, berührt zu werden. Andere wiederum reagieren sehr positiv auf eine sanfte Berührung. Wie bist du? Unter welchen Umständen lässt du dich berühren, und wo ist deine Grenze überschritten?

Ich habe einige Beispiele für dich, anhand derer du für dich überlegen kannst, wo deine persönliche Grenze ist:

1. Ein guter Freund berührt dich im Gespräch am Oberarm.
2. Dein Chef tätschelt dich auf die Schulter.
3. Ein Mitarbeiter oder eine hierarchisch unter dir befindliche Person klopft dir auf das Schulterblatt.
4. Ein völlig Fremder berührt dich im Gespräch am Unterarm.
5. Ein Verkäufer möchte dich zu deinem erfragten Produkt leiten und berührt dich dabei kurz am Oberarm.

Was kannst du tun, wenn du an jemanden gerätst, der dich ununterbrochen berührt und du das gar nicht willst? Es gibt einige Möglichkeiten, diese „Tatscher“ auf ihr Verhalten hinzuweisen:

- Mit dem Blick: Du kannst direkt irritiert auf die Hand blicken, wenn sie dich berührt. Sein Blick wird auch dahin gehen und wenn du Glück hast, bemerkt er, dass du mit seiner allzu kuschligen Art ein Problem hast.
- Ausweichen: Du kannst ausweichen und dich dem Moment der Berührung aktiv entziehen. Das geht vor allem dann einfach, wenn der andere dich am Rücken berührt.
- Mit Worten: Das erfordert je nach der Stellung der anderen Person Mut. Ich habe einem „Tatscher“ einmal ganz unverblümt gesagt „Fällt Ihnen eigentlich auf, dass Sie mich die ganze Zeit berühren?“ – „Ja, stört es Sie?“ – „Ehrlich gesagt: Ja.“
- Mit nackter Haut: Meist „tatscht“ der andere, wenn man zusammen am Tisch sitzt. Es gibt eine Möglichkeit, wie du ihn mit nur einer Bewegung in die Schranken weisen kannst. Wenn du einen Pullover trägst, schiebe die Ärmel hoch, so dass er beim nächs-

ten „Tatschversuch“ deine nackte Haut berühren würde. Haut auf Haut ist außer beim Handschlag ein absolutes No-Go. Hast du eine Bluse oder ein Jackett an und nicht die Möglichkeit, deine Arme zu entblößen, lege deine freie Hand genau an die Stelle, an der der Tatscher dich immer berührt. Er wird sofort zurückzucken und es in Zukunft sein lassen.

TIPP

Eine spezielle Art der Berührung ist die „Ghettofaust", ein freundschaftliches Signal der sozialen Interaktion, das mit so gut wie keinem Körperkontakt auskommt und dennoch Nähe herstellt. Nur die Außenseite der mittleren Glieder der Faust berühren sich für einen kurzen Moment. Was früher noch die ganze Hand beim „High Five" war, ist hier auf ein Minimum reduziert: Man zeigt sich nicht mehr die offene Handfläche, sondern hält sich gegenseitig die geschlossene Faust zum „Abklatschen" oder „Einschlagen" hin.

Eine leichte Berührung am Unterarm kann verbinden.

Seit ich Körpersprache und Wirkungswissen schule, befrage ich Männer und Frauen, welche Berührung sie als angenehm oder unangenehm empfinden und von wem. Hier das Ergebnis:

- Männer wollen nicht gerne von Männern berührt werden. Dazu gehört vor allem das joviale Arm-um-die-Schulter-Legen bei Geschäftspartnern. Die hier angestrebte Nähe zur Vertrauensbildung geht nach hinten los.
- Bei Frauen gibt es keine Präferenzen, ob ein Mann oder eine Frau sie berührt. Hier stehen die Person und die Art der Berührung im Vordergrund.
- Berührungen am Unterarm werden gut akzeptiert, bei manchen ist der Oberarm noch in Ordnung.
- Frauen wie Männer akzeptieren gleichermaßen das Berühren am Schulterblatt in Form von leichtem Klopfen (Männer bei Männern) oder sanftem Berühren (auf Frauenrücken).
- Vorsicht: Berührung von oben nach unten, also Hand auf Schulter wird vom Berührten als Überlegenheitsgeste interpretiert.

Eine Berührung am Schulterblatt zeigt Nähe.

Der richtige Händedruck

Zu einer richtigen Begrüßung gehört in den meisten Kulturen der Händedruck, und wenn wir uns sehr sympathisch sind oder uns schon länger kennen, auch die Umarmung. Die Art, wie dir jemand die Hand gibt, sagt einiges über ihn aus. Ein guter Händedruck hat eine gute Chance, in Erinnerung zu bleiben. Ein schlechter bleibt auf jeden Fall. So reagierst du bei den beliebtesten seltsamen Händedruckarten richtig:

- Was tun bei zu festem Griff? → Passe den Druck sofort an, sonst zerquetscht der andere dir die Hand.
- Was tun bei zu lockerem Griff? → Verringere sofort den Druck, sonst zerquetschst du ihm die Hand.
- Was tun, wenn dich einer beim Händedruck an sich heranzieht? → Donald Trump macht das gerne. Solche Menschen ziehen dich damit in ihr Territorium. Sie dominieren dich so. Halte unbedingt Körperspannung und tritt sofort einen Schritt mit aufrechter Körperhaltung und festem Blick auf ihn zu. Du wirst sehen, er wird unbewusst mit dem Oberkörper zurückweichen.
- Was tun, wenn er dich mit ausgestrecktem Arm auf Abstand hält? → Lass ihm seinen Raum. Er braucht etwas Zeit, um warm zu werden. Einmal hielt mich eine Frau bei der Begrüßung so weit auf Abstand, dass ich dachte, ich müsse rückwärts gehen. Mir war sofort klar, dass sie möglicherweise länger braucht als andere, um Vertrauen aufzubauen. Während des anschließenden Gespräches lobte ich sie viel für ihre tolle Vorarbeit und guten Ideen, und bei der Verabschiedung gab sie mir ganz normal und entspannt die Hand.
- Was tun, wenn er nicht aufhört zu schütteln? → Greife sein Handgelenk mit der anderen Hand und tätschle es. Das wirkt wie Abklopfen und suggeriert: „Ist ja gut, ich habe verstanden."

Für „Dauerschüttler" brauchst du deine zweite Hand – durch das Tätscheln kannst du einen (zu) langen Händeruck beenden.

So machst du es richtig: Halte die Hand vertikal. Greife die andere Hand ganz, so dass die Daumenwinkel sich berühren, und schüttle ein- bis maximal zweimal vertikal. Drücke so, als würdest du einen Schwamm ausdrücken – nicht zu fest und nicht zu lasch.

Händedruck: Besser so ...

... oder lieber so?

TIPP

- Vorsicht mit dem doppelten Handschlag, den Politiker gerne machen: Nicht jeder mag so viel Berührung.
- Für Männer: Frauen ab 40 oder leicht beleibte Frauen haben am Oberarm mehr Material, das wackeln kann. Wenn der Arm nun beim Handschlag hin- und hergeschüttelt wird, wackelt dieses Material mit. Das empfinden die meisten Frauen als unangenehm.
- Sprich niemals aus, dass du bemerkt hast, dass die Hände deines Gegenübers kalt sind. Vor Nervosität kalte Hände sind dem anderen ohnehin peinlich, da muss es nicht auch noch jeder wissen.

Man kann nicht in einen Menschen hineinschauen. Auch der Händedruck ist kein sicheres Signal. Aber es kann nicht schaden, seine Wahrnehmung zu öffnen und ganz bei dem anderen zu sein. Wenn du wissen möchtest, wie dein Händedruck wirkt, bitte Freunde darum, dir ein Feedback zu geben. Rechne damit, dass das Feedback von Person zu Person variiert. Versuche mindestens fünf Feedbacks zu bekommen.

Umarmen für Fortgeschrittene

Beim Umarmen wird das Bindungshormon Oxytocin freigesetzt. Je mehr Körperkontakt dabei entsteht, desto mehr Oxytocin wird ausgeschüttet. Auf gut Deutsch: Wer so richtig kuschelt beim Umarmen, fühlt sich auch richtig wohl mit dem anderen. Oder andersrum: Wer sich wohlfühlt mit dem anderen, kuschelt auch bei der Umarmung. Wer eine Umarmung nur leicht tätschelnd andeutet, hat entweder keine Lust auf Bindung, oder der Ehepartner steht daneben.

So vermeidest du Missverständnisse bei der Umarmung: Zeige frühzeitig an, dass du umarmen möchtest. Öffne deine Arme bereits zwei Schritte bevor du mit dem zu Begrüßenden zusammentriffst.

So vermeidest du es, plötzlich seine ausgestreckte Hand in deinem Bauch zu haben. Es gibt Menschen, die größere Probleme mit Körperkontakt haben als andere. Ich umarmte nach einer sehr guten Verhandlung den Verhandlungspartner. Er versteifte sich, umarmte mich nicht zurück, streckte die Arme weit nach hinten und sagte: „Ich bin nicht so der haptische Typ.“

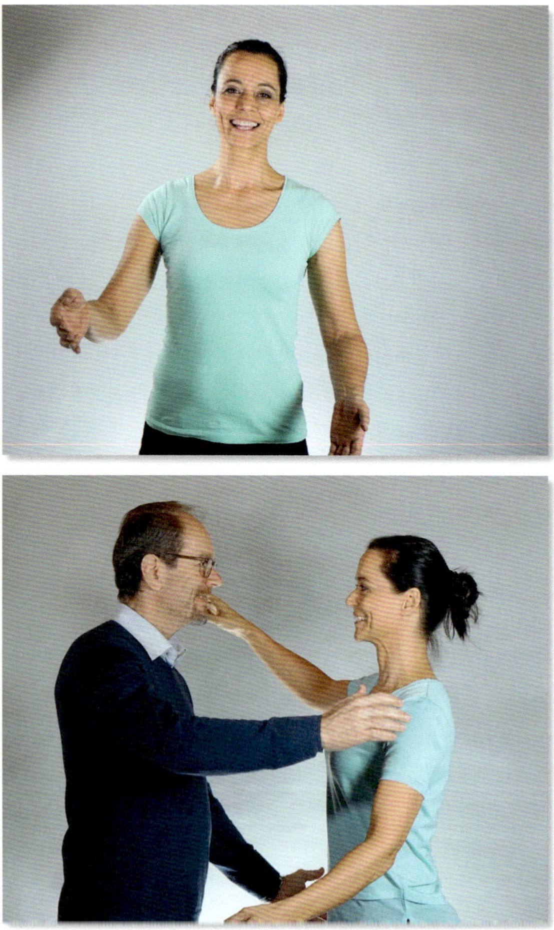

Manchmal ist es besser, eine Umarmung frühzeitig anzudeuten.

Und umgekehrt: Möchtest du eine Umarmung schnell wieder lösen? Ganz einfach: Wenn du in der Umarmung bist und sie dir unangenehm lang wird, tätschle leicht auf seinen oder ihren Rücken. Das wirkt wie ein finales Abklopfen.

TIPP

Männer, Vorsicht: Klopft Frauen bitte nicht ab, wenn ihr sie umarmt. Frauen mögen es, für zwei Sekunden in der Umarmung zu verharren und sie dann ohne Abklopfen zu lösen. Eine Alternative zum Umarmen ist übrigens „Küsschen-Küsschen": Korrekt fängst du links an. Dabei berühren sich nur die Wangen leicht. Und: Der Kuss wird nur gehaucht und nicht geschmatzt!

Blickkontakt richtig dosieren

Es gibt Menschen, die können anderen nicht in die Augen blicken. Der Blick wandert stattdessen im Raum umher oder findet immer wieder Halt auf dem Tisch. Das ist kein günstiges Verhalten, um souverän zu wirken. Über den Blickkontakt wird ebenfalls das Kuschelhormon Oxytocin ausgeschüttet, was eine gute Bindung zum Gegenüber herstellt. Verschenke diese Gelegenheit nicht!

Wie gut kannst du im ersten Kontakt den Blick halten? Der Blick ist die kürzeste Verbindung zwischen zwei Menschen. Verliebte können sich stundenlang in die Augen schauen. Nun sollst du aber deinen Businesspartner eher nicht wie ein verliebter Gockel anschmachten. Beim Blickkontakt solltest du aber auf jeden Fall etwas Freundliches denken, so dass dein Gesicht offener wirkt. Denn ausdrucksloses Anstarren bewirkt das Gegenteil von positiver Bindung. Ein starrer Blick wirkt auf uns gefährlich. Wie du das Anstarren für dich benutzen kannst, um verbale Attacken auszuhebeln, erzähle ich dir im Kapitel „So vermasselst du es dir“: Das Anstarren ist eine starke Waffe, wenn du es selbst einsetzt.

Über das Auge nehmen wir 80 % aller für uns relevanten Informationen auf. Das sind ca. zehn Millionen Informationen pro Sekunde, die unser Gehirn über die Augen erreichen. Kein anderer Sinneskanal nimmt so viele Informationen auf. Deswegen reichen schon drei Sekunden aus, um zu entscheiden, ob du jemanden magst oder nicht. Ein normaler Blickkontakt dauert in unserem Kulturkreis tatsächlich ungefähr drei Sekunden. Bei dem einen ist es ein bisschen mehr, bei dem anderen ein bisschen weniger, je nachdem, welche Intensität von Nähe man bereit ist zu ertragen – da sind wir alle unterschiedlich.

Und es variiert auch von Gesprächspartner zu Gesprächspartner und von Situation zu Situation. Es gibt Menschen, denen blicken wir gerne und länger in die Augen, und es gibt Menschen, bei denen tun wir es nicht so gerne und meiden sogar den Blickkontakt. Laut einer Studie blicken wir Menschen mit blauen Augen länger in die Augen als Menschen mit dunklen Augen. Und nur so nebenbei: Einen Blickkontakt, der länger als drei Sekunden dauert und von einem Lächeln begleitet wird, nennt man auch Flirt.

TIPP

Drei Sekunden: Das ist die Zeitspanne, nach der du in unserem Kulturkreis den Blickkontakt lösen solltest. Um sicherzugehen, dass du dem anderen nicht zu „nahe“ kommst oder gar „mit dem Blick erschlägst“, schau dir mein Video „Blickkontakt halten“ an.

https://yvonnedebark.de/wirke-wie-du-willst/

Der Blick ist ein intensives Signal in der Körpersprache, auf dessen Wirkung du dich verlassen kannst. Wenn ich zum Beispiel in einem Vortrag Blickkontakt mit einzelnen Zuschauern halte, kommen meistens genau diese Personen nach dem Vortrag noch zu mir und plaudern mit mir. Ist dir schon mal aufgefallen, dass viele Moderatoren zwar Moderationskarten in der Hand haben, sie aber gar nicht benutzen? Der Grund ist, dass uns Moderatoren aus dem Fernseher so viel wie möglich anblicken sollen. Sie blicken natürlich in die Kamera, aber das suggeriert unserem Gehirn, dass sie uns ganz persönlich anblicken – was wiederum eine Verbindung zwischen uns herstellt.

ÜBUNG

Wenn es dir schwerfällt, Blickkontakt zu halten, male dir einen Punkt auf ein weißes Blatt Papier. Jetzt blickst du drei Sekunden auf den Punkt, dann wieder weg, dann wieder hin. Probiere aus, wie es sich anfühlt, wenn du den Punkt länger als drei Sekunden fixierst. Du darfst ruhig dabei lächeln, denn damit stellst du eine positive Grundhaltung zum Blickkontakthalten her.

Danach übst du mit dir selbst im Spiegel. Halte Blickkontakt zu einem deiner Augen. Wechsle nicht zwischen den Augen hin und her, damit du dich daran gewöhnst, den Blick auf einen Punkt zu halten.

Jetzt suchst du dir Fotos von Gesichtern, die dich anblicken. Suche dir freundliche Gesichter. Damit geht es am Anfang viel leichter.

Jetzt kommt die Königsklasse der Blickkontakt-Übungen. Suche dir auf Fotos ernste oder vielleicht sogar wütende Gesichter, die dich anstarren, und halte Blickkontakt.

Nervosität reduzieren

Man könnte es sich jetzt schönreden und sagen: „Aber so ein bisschen Nervosität wirkt doch auch ganz menschlich." Ja, das stimmt. Aber leider gilt das nicht für jede Situation und jeden Menschen gleichermaßen. Zu viel Nervosität wirkt unsicher und nicht sehr selbstbewusst und kann bei einem Bewerbungsgespräch für einen Posten mit viel Verantwortung sogar das Aus bedeuten. Hier ein paar Tipps, die dir helfen, beim ersten Aufeinandertreffen ruhig und fokussiert zu wirken:

Mach ruhige Bewegungen. Das wirkt selbstbewusst. Wer sich ruhig bewegt, hat sich unter Kontrolle. Hektische Bewegungen sind für das Gegenüber anstrengend und vermitteln Fahrigkeit und Zerstreutheit.

Ändere deine Nervosität in Freude. Das klingt schwieriger, als es ist. Anstatt zu denken: „Oh mein Gott, ich bin so nervös, was ist, wenn ich was Falsches sage, wenn er mich nicht leiden kann, wenn ich bei einer Frage rot werde?" Denke lieber: „Diese Aufregung, die ich spüre, ist die Vorfreude auf das Treffen. Es wird schön werden." Und wenn es ein absehbar unangenehmes Gespräch wird, dann freu dich auf etwas Schönes, das du dir für danach vornimmst.

Tu so, als ob es nicht das erste Treffen wäre. „Ich dachte, ihr kennt euch schon lange." Das ist der Spruch, den ich häufig höre, wenn jemand zu mir und meiner brandneuen Bekanntschaft auf einer Party stößt und ihm klar wird, dass ich die Person gerade zum ersten Mal getroffen habe. Gib dem Menschen, den du triffst, einen ordentlichen Sympathievorschuss. Er wird das spüren und dich als sehr positiv wahrnehmen. Freu dich an allem, was er dir erzählt und mit dir teilt, und sei offen – stell dir einfach vor, es wäre nicht das erste Treffen, dann wird auch er das Gefühl haben, ihr kennt euch schon lange.

TIPP

Möchtest du jemandem das Gefühl geben, dass ihr euch bereits kennt, hebe die Augenbrauen zum Gruß. Es bedeutet in Europa: Ich kenne dich.

Gesichter merken

Wenn du bei der ersten Begegnung nervös bist, kannst du dir nicht auch noch ein halbes Dutzend Namen zu den Gesichtern merken. Ich habe es mir angewöhnt, vor Seminaren in Unternehmen die Gesichter der Teilnehmer zu googeln und mir ihre Namen schon vorher einzuprägen. Das hat zwei positive Effekte auf unser erstes Zusammentreffen: Zum einen bin ich entspannter, weil ich das Gefühl habe, den anderen schon zu kennen, zum anderen freuen sich die Teilnehmer, dass ich mich vorbereitet habe. Ich zeige ihnen so meine Wertschätzung. Jedes Mal ernte ich Staunen, wenn ich jemanden zum ersten Mal treffe und ihn mit Namen begrüße: „Hallo Petra, ich bin Yvonne."

Ich merke mir die Namen, indem ich Merkmale in den Gesichtern suche oder Assoziationen, die mir in den Sinn kommen. Beispiele: Ein Mann hat einen Schnurrbart, der aussieht wie ein um 90 Grad gekipptes E: Edwin. Eine dunkelhaarige Schönheit erinnert mich an eine fast gleichnamige amerikanische Schauspielerin: Angelika. Ein Mann hat beim Lachen ein großes A durch seine Falten von der Nase bis zum Kinn: Alfred.

Was aber, wenn man sich ein Merkmal eingeprägt hat und beim Aufeinandertreffen plötzlich alles anders aussieht? Haare ab? Vollbart? Nun ja, das ist Pech, passiert aber nicht so häufig. Ich hatte mir einen Mann über eine Brille gemerkt, die um 90 Grad gedreht wie ein großes D aussah. Als wir uns begrüßten, stutzte ich. Er sagte: „Hallo, ich bin Daniel.“ Ich sagte: „Ich weiß.“ Er war überrascht. Ich fuhr fort: „Wann hast du dir die Augen lasern lassen?“ Verdutzt blickte er mich an, lächelte und fragte: „Und wenn du jetzt noch weißt, wie mein Hund heißt, bist du richtig gut.“

TIPP

Willst du Eindruck machen, lerne die Namen deiner Gesprächspartner vorher. Nimm dazu Merkmale, die du mit etwas dir Bekanntem in assoziative Verbindung bringst.

Gemeinsamkeiten schaffen

Versuche deinem Gegenüber immer wieder mal ein „Ich auch“ zu entlocken. Wir wollen uns sicher fühlen und brauchen die Bestätigung der anderen. Stell dir vor, du unterhältst dich mit jemandem, der dir begeistert erzählt: „Und dann habe ich mir mein Lieblingsprojekt gesichert. Zeitlich bekomme ich das schon hin, ich bin so happy“, und du sagst: „Also, das kann ich überhaupt nicht verstehen, du gehst doch jetzt schon nie pünktlich nach Hause.“ Furchtbar! Wie aber würde derjenige sich fühlen, wenn du sagst: „Klasse! Ich finde das toll, wenn man das Gefühl hat, dass die ganze Mühe wertgeschätzt wird.“ Ein „Ja, stimmt, ich auch!“ ist dir sicher.

Noch einfacher geht es mit Smalltalkthemen: Du: „Wo waren Sie im Urlaub?“ – Er: „In Thailand, das war superschön.“ – Du: „Ja, ist das nicht traumhaft dort? Ich liebe diese weißen Sandstrände!“ – Er: „Ich auch!“

Unperfekt macht sympathisch

Es gibt nichts Schlimmeres als Perfektion. Magst du Menschen, die perfekt sind? Es lässt uns klein wirken und drückt auf unser Selbstbewusstsein. Deswegen suchen wir automatisch nach irgendetwas am anderen, das nicht perfekt ist (wenn wir nichts finden, sind wir wahrscheinlich bis über beide Ohren verliebt).

Willst du in einem Gespräch oder einer Verhandlung punkten, darfst du gern zu deinen liebenswerten Makeln stehen. Das macht dich auf Anhieb sympathisch. Eine Studie hat herausgefunden, dass Studenten, die über ihren Erfolg erzählten und danach eine Tasse Kaffee überschwappen ließen, um ein Vielfaches sympathischer wirkten als die ohne dieses Missgeschick. Das heißt jetzt nicht, dass du immer eine Tasse Kaffee umschütten sollst, sonst wirkst du auf die Dauer wie ein Totalschussel, überdenke aber dein Bestreben, perfekt sein zu wollen.

Professionelle Redner zeigen sich gleich zu Beginn auf der Bühne verletzlich und fehlbar. Bei einem Kongress zu verschiedenen Themen erlebte ich einmal einen Redner, der in seinem Vortrag Kinderfotos von sich zeigte und erzählte, wie schlimm seine Kindheit war. Der Satz „Und dann kam die Niederlage meines Lebens“ funktioniert hier immer: „Ich hatte alles verloren, doch dann habe ich begonnen zu kämpfen …“

Höhergestellten begegnen

Wie kannst du bei Vorgesetzten beim ersten Kennenlernen Eindruck machen? Ich arbeite sehr viel mit Führungskräften in hohen Positionen zusammen. Und sie sind – wer hätte das gedacht – auch nur Menschen. Sie haben zwar eine Menge Verantwortung für möglicherweise viel Geld oder eine große Zahl an Mitarbeitern, aber sie streben nach den gleichen Werten wie du und ich. Familie, Sicherheit, Wachsen, Anerkennung. Am angenehmsten nehmen sie dich wahr, wenn du ihnen zeigst, dass du ein wertvolles Mitglied ihres Stammes sein kannst. Sei entspannt und konzentriere dich auf dein Können und deine Stärken. Meine Erfahrung: Wenn Führungskräfte das Gefühl haben, mit der anderen Person an einem Strang zu ziehen und diese dennoch ihre eigene Meinung und Ideen hat, hat sie ihren vollsten Respekt und ist ihnen darüber hinaus auch noch sympathisch.

TIPP

In einem Akquise- oder Vorstellungsgespräch möchte dein Gegenüber gern etwas über dich wissen. Du wüsstest aber ebenso gern etwas darüber, wie *er* tickt. Dazu würdest du gern zuhören und ihn reden lassen. Wie findest du heraus, wie jemand ist, wenn er dich am Anfang des Gespräches auffordert: „Erzählen Sie doch mal etwas über sich"? Denn wenn du selber redest, bist du in einer schlechten Position, um den anderen mit seinen Bedürfnissen, Vorlieben, Wünschen kennenzulernen.

Ich habe auf diese Aufforderung einen sogenannten Elevator-Pitch in der Hinterhand. Als Elevator-Pitch bezeichnet man eine kurze, aber knackige Vorstellung der eigenen Person mit Nutzen für das Gegenüber. Mein Pitch ist: „Ich bin Yvonne de Bark und ich schule die wichtigste Sprache der Welt." Damit habe ich einen Türöffner für die nächste Frage: „Sind Sie Englischlehrerin? Chinesisch?" Und schon ist ein Gespräch in Gang. Nachdem ich geklärt habe, was mein Nutzen für das Unternehmen oder die Person sein kann, stelle ich Fragen. Die meisten Menschen beginnen dann, mehr als bereitwillig von sich zu erzählen.

Schwierige Menschen gekonnt abholen

Kennst du diese Situation? Du triffst auf einen Menschen, der dich mit seiner Körpersprache überrollt. Oder umgekehrt, er nimmt sich extrem zurück, und du hast das Gefühl, ihn mit Samthandschuhen anfassen zu müssen? Das hat mit Statusverhalten zu tun. Nach diesem Abschnitt kannst du es an der Körpersprache schnell erkennen und so darauf eingehen, dass der andere sich sicher und wohlfühlt und ihr ein Gespräch auf einer entspannten und produktiven Ebene führen könnt.

Um dir schnell ein Bild von deinem Gegenüber zu machen, sieh dir seine momentane Körpersprache an. Ist sie ausladend oder eher zurückhaltend? Ist er laut oder eher leise? Unterbricht er oder traut er sich kaum etwas zu sagen?

Dann versuche zu erkennen, ob sein Inneres mit dem, was er nach außen zeigt, übereinstimmt. Versucht er durch seine Körpersprache eine Maske aufzusetzen, um dich zu beeindrucken oder eigene Unsicherheit zu überspielen?

So holst du schwierige Menschen gekonnt ab:

Die Dampfdüse, der Angeber, der Schaumschläger: Er wirkt von seiner Körpersprache her auf den ersten Blick selbstsicher und zufrieden und nimmt viel Raum ein. Er tut so, als habe er die Weisheit mit Löffeln gefressen, könne alles und wisse alles. Innen drin aber fühlt er sich unsicher, weil er genau weiß, was er alles nicht kann. Er würde es aber nie zugeben, sondern überspielt es lieber. Du erkennst ihn an einer raumgreifenden und ausladenden Körpersprache, die aber mit dem, was er sagt, nicht übereinstimmt. Kurz: Sein Selbstbewusstsein ist klein, seine Körpersprache groß.

So gehst du mit ihm um: Koch die Dampfdüse sanft herunter, indem du ihr Selbstsicherheit gibst. Sie muss erst verstehen, dass sie keine Show abzuziehen braucht. Erst dann kann sie ihr Potenzial in voller Kraft entfalten, und ihr könnt gemeinsam produktiv werden.

Der Schüchterne, Unsichere: Er nimmt wenig Raum ein, hält sich zurück, fühlt sich unsicher und möchte am liebsten niemandem zu nahe treten. Sein Selbstbewusstsein ist klein, seine Körpersprache ist klein. So gehst du mit dem Unsicheren um: Hole ihn ab, indem du ihn lobst, ihm zuhörst und sanft die Führung übernimmst. Dann wird er sich sicher fühlen und Vollgas geben können.

Der Herrscher: Er nimmt viel Raum ein, hat eine ausladende Körpersprache und fühlt sich selbstsicher, weil er weiß, was er kann und wer er ist. Brauchst du in diesem Moment jemanden mit Energie und Durchsetzungskraft, ist er ein guter und wertvoller Sparringspartner. Sein Selbstbewusstsein ist groß, seine Körpersprache auch.

So gehst du mit dem Herrscher um: Gib ihm so lange die Bühne, wie er sie braucht, um sich sicher zu sein, dass sein Status anerkannt ist. Zeige ihm dann aber, dass du ihm das Wasser reichen kannst. Sonst langweilt er sich schnell. Du gewinnst hier mit Kompetenz und Wissen.

Der Gütige: Er lässt den anderen den Vortritt, hört zu, wirkt nicht aufdringlich. Er fühlt sich selbstsicher und weiß genau, wer er ist und was er kann. Sein Selbstbewusstsein ist groß, seine Körpersprache unaufdringlich.

Was glaubst du wohl, ist der Beliebteste unter den vieren? Wer kann in jeder Situation bestehen und sie für sich entscheiden? Richtig, der Gütige. Das kannst du auch. Sei dir bewusst, was du kannst und wer du bist, und gib den anderen die Bühne oder die Unterstützung, die sie brauchen.

Wenn dich vor dem anderen gruselt

Es gibt laut einer Studie einige Merkmale, die von anderen als gruselig wahrgenommen werden. Dazu gehören zum Beispiel Menschen mit trockenem Mund beim Sprechen, Männer, die ständig anzügliche Bemerkungen machen, übertriebene Mimik oder gar keine Mimik, ständiges Lippenlecken, fettiges Haar, unsaubere Kleidung, seltsames Lächeln, Augenringe, fahle Haut und Glubschaugen.

Einiges davon mag bewusst sein, anderes unbewusst, oder es lässt sich auf gesundheitliche Probleme zurückführen. Lass dich in solchen Fällen nicht verunsichern, sondern sei weiter offen und zugewandt.

TIPP

Mach dir nicht zu viel Druck. Der erste Eindruck hängt von so vielen Faktoren ab, von denen wir nicht alle immer beeinflussen können. Den ersten Eindruck musst du nicht perfekt machen. Du hast beim Verabschieden noch jede Menge Möglichkeiten, einen bleibenden positiven Eindruck zu hinterlassen.

SOUVERÄN UND KOMPETENT IM GESPRÄCH

Ein wichtiger Termin steht bevor. Wie gelingt es dir, im Gespräch sicher zu wirken, Richtungswechsel in der Körpersprache zu erkennen und situationsangepasst, aber zielführend darauf einzugehen? Dies und einiges andere, womit du deine Selbstsicherheit stärken kannst, erfährst du in diesem Kapitel.

„Auf Knien kommst du durch kleine Tunnel.
Aufrecht kommst du durch große Tore."

Eine gute Gesprächsatmosphäre schaffen

Vor einem wichtigen Gespräch solltest du dir darüber klarwerden, was du erreichen und wie du wirken möchtest. Wenn du gut vorbereitet bist, trägt das dich und deine Außenwirkung durch den gesamten Termin und lässt dich automatisch selbstsicher wirken. Überlege dir vorher genau, welches Ergebnis du anstrebst. Beantworte dir diese Fragen:

1. Welches Ziel möchte ich in diesem Gespräch mindestens erreichen?
2. Wie geht es danach weiter? Wie soll sich der andere nach dem Gespräch fühlen, was soll er wissen oder tun?
3. Was ist deine eigene Motivation und die Motivation deines Gesprächspartners? Wie passen diese zusammen?

TIPP

Iss vor dem Termin eine Kleinigkeit. Studien zufolge reicht schon eine leichte Unterzuckerung aus, um tendenziell aggressiver zu sein. Das ist zwar hilfreich, wenn du den anderen in die Enge treiben willst, aber du erreichst deine Ziele besser, wenn du dem anderen das Gefühl gibst, sein Freund und nicht sein Feind zu sein.

So gelingt es dir, eine gute Atmosphäre für ein Gespräch zu schaffen, aus dem du mit einem guten Gefühl gehen kannst.

- Möchtest du von Anfang den Überblick haben? Komm ein wenig früher und setze dich auf den strategisch für dich günstigsten Platz. Natürlich nur, wenn du das Glück hast, dir den Platz selbst aussuchen zu können. Welcher das für dich sein kann, erfährst du im Weiteren.
- Möchtest du einen angenehmen Einstieg bieten? Mach ihm oder ihr ein ehrlich gemeintes Kompliment über ein Detail, das dir aufgefallen ist. Und, wie du schon weißt: Eine kurze Berührung vermittelt Vertrauen.

- Möchtest du einen guten Gesprächsstart haben? Sorge für warme Getränke, denn Wärme suggeriert Geborgenheit.
- Möchtest du nahbar wirken? Setze dich so im Raum, dass dein Gegenüber dein Gesicht gut sehen kann und es nicht von hellem Licht hinter dir im Schatten liegt. Wir müssen die Mimik des anderen erkennen können, um ihm vertrauen zu können.
- Möchtest du Konflikte vermeiden? Setz dich deinem Gesprächspartner nicht gegenüber, sondern im 90-Grad-Winkel zu ihm. Gegenübersitzen vermittelt ein Gefühl der Konfrontation und kann unangenehm werden, weil es schwer ist, auszuweichen. Bei der „Über-Eck-Lösung" können die Blicke mehr schweifen, und damit entstehen auch mehr Handlungsmöglichkeiten.
- Möchtest du auf einer Ebene mit deinem Gesprächspartner sein? Achte auf eine gleiche Sitzhöhe. Gerade in Sitzecken sinkt man im Sofa ein und macht eine wenig gute Figur.

Bei der „Über-Eck-Lösung" können die Blicke mehr schweifen und es entstehen mehr Handlungsmöglichkeiten.

- Möchtest du mit deinem Gesprächspartner auf einer Wellenlänge sein? Gleiche deine Körperhaltung der seinen an. Zieh das aber nicht krampfhaft durch, denn das fällt auf. Sei lieber aufmerksam und nimm wahr, ob der andere dich spiegelt.
- Möchtest du einen guten Zugang zu deinem Gesprächspartner? Entferne alle Gegenstände, die genau zwischen euch stehen: Blumenvasen, Laptops, hohe Flaschen, Kerzen.
- Möchtest du zwischendurch ein bisschen Schwung? Bring Bewegung rein: Steh auf und geh zum Fenster. Noch besser: Lade deinen Gesprächspartner zu einem Spaziergang ein. Bewegung im Körper bringt auch die Gedanken in Gang.

Weitere Punkte, auf die du deine Aufmerksamkeit richten kannst:
- Sich im Gespräch Notizen zu machen zeugt von Respekt und Interesse, aber vertiefe dich nicht so sehr hinein, dass du keinen Blickkontakt mehr halten kannst.
- Lächle, aber lächle dosiert. Dauerlächler wirken unterwürfig.
- Schweigen ist Gold. Halte auch Stille aus. Der andere wird sich bemüßigt fühlen, das Schweigen zu brechen, und du bekommst eventuell Informationen, die du sonst nicht bekommen hättest.
- Ruhige Bewegungen wirken souverän und kontrolliert.
- Lass deinen Gesprächspartner ausreden und zeige Empathie beim Zuhören.
- Zeige Begeisterung für dein Thema.

Die Signale des Gegenübers deuten

Wenn wir in einer Verhandlung oder in einem Gespräch sind, würden wir gerne wissen, ob und wie unsere Argumente ankommen oder nicht.

Ablehnung oder Missfallen

So erkennst du bei deinem Gegenüber Signale der Ablehnung oder des Missfallens in einem Gespräch.

Er lehnt sich zurück. Damit vergrößert er die Distanz zu dir. Bedeutung: Er braucht mehr Raum, entweder zum Nachdenken, oder er geht auf Abstand, weil er anderer Meinung ist als du. Deine Reaktion: Jetzt gilt es behutsam zu sein und ebenfalls Raum zu geben. Lass ihn die Distanz bestimmen. Auf keinen Fall solltest du hinterherrücken. Das würde nur unbewusst Druck ausüben.

Er wendet seinen Oberkörper von dir ab. Bedeutung: Ein fast sicheres Signal dafür, dass er sich zurückzieht und seine eigenen Gedanken oder Meinung hat. Möglicherweise missfällt ihm etwas, oder seine Aufmerksamkeit wurde anderweitig geweckt. Deine Reaktion: Frage nach, um sicherzugehen: „Was ist Ihre Meinung dazu?“

Den Oberkörper abwenden kann ein Signal dafür sein, dass sich der andere zurückzieht.

Er bildet Barrieren mit Armen und Händen, indem er sich an der Nase oder am Kinn berührt. Bedeutung: Er zieht sich zurück. Entweder um zu etwas überlegen oder weil er für sich keinen Handlungs- oder Redebedarf sieht. Deine Reaktion: Gib ihm ein wenig Bühne, damit er seine Meinung äußern kann. Du kannst ihm auch etwas reichen, damit er seine Haltung öffnet. Achtung: Es kann aber auch an einem grundsätzlich größeren Distanzbedürfnis liegen – das merkst du schnell, wenn er die Bühne nicht annimmt.

Er spannt Teile seines Körpers an, es geht etwa die Fußspitze nach oben oder die Schultern ziehen sich hoch. Bedeutung: Äußere Anspannung ist eine Auswirkung innerer Anspannung. Deine Reaktion: Überlege, was diese ausgelöst haben könnte. Mache ihm ein Kompliment oder versichere ihm, dass alles in Ordnung ist.

Äußere Anspannung ist eine Auswirkung innerer Anspannung.

Er erstarrt. Bedeutung: Er möchte sich nichts anmerken lassen. Deine Reaktion: Frage nach: „Können Sie mir das nochmal kurz erklären, wie war das mit …“ Schnell wirst du merken, ob er dir etwas verheimlicht, denn auf die Nachfrage wird er sich ertappt fühlen.

Er schiebt Gegenstände unbewusst in deine Richtung. Bedeutung: Er möchte unbewusst sein Territorium erweitern, denn er braucht mehr Raum, um sich wohlzufühlen. Deine Reaktion: Wenn du das Spiel mitspielen und ihm mit gleichen Waffen Paroli bieten willst, kannst du ebenfalls Gegenstände in sein Territorium schieben. Das könnte aber unbewusst wie ein Angriff wirken und ihn noch mehr einengen. Wenn du das Spiel nicht mitspielen möchtest, bleib gerade sitzen und versuche herauszufinden, welche Punkte in eurem Gespräch ihn zur Territoriumsvergrößerung gebracht haben. Wichtig ist, dass du schnell eine Verbindung zwischen der körpersprachlichen Reaktion und dem Gesagten herstellst und deine Vermutung mit Fragen absicherst, sofern es in diesem Moment tatsächlich für dich relevant ist.

TIPP

Wenn dein Gegenüber Mikrosignale in der Mimik zeigt, z. B. Lippenschürzen, Stirnrunzeln, Naserümpfen, Lippenaufeinanderpressen, bedeutet das, dass etwas eine emotionale Reaktion bei ihm ausgelöst hat. Da wir diese Mikrosignale nicht bewusst kontrollieren können und sie ohnehin schwer zu registrieren sind, ist es schwer, sie zuzuordnen und sichere Rückschlüsse darauf ziehen, was den anderen gerade tatsächlich bewegt.

Er macht sich groß, indem er die Arme über den Kopf nimmt, viel Raum einnimmt, die Beine lang macht. Bedeutung: Er fühlt sich sehr wohl in seiner Haut. Deine Reaktion: Sinke jetzt auf keinen Fall in dich zusammen. Sitze aufrecht und mache ruhige Bewegungen.

Wer sich groß macht, fühlt sich wohl in seiner Haut.

Er macht geräuschvolle Störungen, z. B. Kugelschreiberklicken, Tischplattentrommeln. Bedeutung: Solches Verhalten lässt auf innere Erregung schließen. Er wirkt ungeduldig oder möchte vielleicht etwas sagen. Versuche es durch eine Frage herauszubekommen: „Wie klingt das für Sie?“ Wenn du kein Interesse daran hast, was er zu sagen hat, aber möchtest, dass er aufhört, halte länger als drei Sekunden Blickkontakt mit ihm, ohne zu lächeln.

Er nimmt die Brille ab. Bedeutung: Er braucht keinen Durchblick mehr, er hat genug gesehen. Manche benutzen das als demonstratives Zeichen, um ihr Missfallen auszudrücken. Deine Reaktion: Jetzt unbedingt eine Frage stellen wie: „Wie sehen Sie das?"

Zuwendung und Aufmerksamkeit

So erkennst du in einem Gespräch Signale der Zuwendung und der Aufmerksamkeit:

- Dein Gesprächspartner beugt den Oberkörper vor. Das ist in den meisten Fällen ein gutes Zeichen. Selbst wenn die Mimik anderes vermuten lässt, so signalisiert die Distanzverringerung doch, dass er jetzt ganz bei dir ist.
- Er hält den Blickkontakt. Jetzt gilt es, alle Informationen zu geben, denn jetzt ist der höchste Moment der Aufmerksamkeit.
- Er neigt den Kopf zur Seite – ein sehr kommunikatives Signal.
- Er nickt einmal. Bedeutung: „Ich stimme zu." Er nickt ununterbrochen: „Ich glaube dir kein Wort" oder „Ja, ja, weiter, das langweilt mich."
- Hochgezogene Augenbrauen, geweitete Augen, offener Mund zeigen an: „Ich möchte mehr Information."
- Er beginnt, deine Körperhaltung zu spiegeln. Damit zeigt er unbewusst: „Ich bin auf deiner Wellenlänge."

Den Kopf zur Seite neigen ist ein sehr kommunikatives Signal.

Dieser Ausdruck bedeutet: „Ich will mehr Informationen."

Fragen stellen, aber wie?

Wenn du eines der oben genannten Signale wahrnimmst, kannst du Fragen stellen. Das dient einerseits der Klärung, andererseits kannst du damit Zeit gewinnen.

So solltest du es jedoch nicht machen:

- Gib nicht den Quizmaster, der die Antworten schon kennt: „Sie haben doch bestimmt schon gemerkt, dass das Angebot unter dem Üblichen liegt?"
- Stelle kein Verhör an, wenn die Antworten nicht schlüssig kommen, sonst fühlt sich der Befragte als schuldig abgestempelt: „Warum haben Sie die Entscheidung so getroffen?" – „Äh ..." – „Aha, wusste ich es doch, Sie haben die Sache nicht richtig durchdacht."
- Sei kein Manipulator, der geschickt umschmeichelt, um Antworten in die Richtung zu lenken, die er für richtig hält: „Da bin ich voll und ganz bei Ihnen, das ist eine tolle Idee. Mit Sicherheit haben Sie auch schon in Betracht gezogen, es auf die andere Weise zu machen, bei der Sie noch mehr Nutzen davon haben."
- Spiel nicht den Psychologen, der den anderen analysiert und ihm erzählt, was seine vermeintlichen Probleme sind und wie er sie am besten löst: „Sie wirken so angespannt, haben Sie in letzter Zeit nicht gut geschlafen? Ich glaube, es wäre gut für Sie, wenn Sie mal eine Ayurvedakur machen würden."

Besser zum Ziel kommst du, wenn du ehrlich interessiert bist.

- Halte Blickkontakt, spiele nicht mit Gegenständen, tippe nicht auf deinem Laptop herum.
- Lass dein Smartphone auf stumm geschaltet in deiner Tasche.
- Unterbrich ihn nicht.
- Wiederhole seine Aussagen in eigenen Worten, um sicherzugehen, ob du ihn richtig verstanden hast.

Tatsächlich funktioniert es manchmal gut, wenn du die Person nach einem offensichtlichen körpersprachlichen Signal einfach offen darauf ansprichst: „Ich habe das Gefühl, der Vorschlag gefällt Ihnen nicht." Hast du richtig interpretiert, wird er sich nicht wundern, denn in seiner Welt hast du ja nur gesagt, was Tatsache ist. Hast du falsch interpretiert, wird er sagen: „Nein, so ist das nicht, ich finde ..." Im Ergebnis hast du auf jeden Fall eine Reaktion, mit der du wunderbar arbeiten kannst.

Reagiere auch auf den Persönlichkeitstyp deines Gesprächspartners. Es gibt zahlreiche Modelle, die die Persönlichkeitsstrukturen nach gewissen Kriterien unterscheiden. Du musst keines davon auswendig können, denn Menschen sind sehr facettenreich und nicht in Schubladen zu packen. Sei dir allerding bei der Begegnung bewusst, dass jeder ein wenig anders tickt und andere Bedürfnisse hat. Der eine braucht anfangs enorm viel Smalltalk, um Vertrauen aufbauen zu können. Er muss sich erst an den anderen gewöhnen. Das zeigt er dir aber unbewusst, indem er selbst nicht schnell zur Sache kommt. Ein anderer wiederum fühlt sich besonders gut, wenn er bewundert wird und im Mittelpunkt stehen darf. Achte hier auf seine Kleidung oder sein Büro. Menschen, die bewundert werden wollen, haben auffällige Dinge an sich oder um sich herum. Es gibt einen gewissen Menschenschlag, die besonders gut mit Zahlen, Daten, Fakten umgehen kann und will. Meist sind diese Menschen auch verliebt in Details. Diese Leidenschaft erkennst du sehr schnell daran, dass derjenige sie entweder selbst liefert oder einfordert. Gib ihm Details, dann fühlt er sich pudelwohl. Kommt dein Gegenüber schnell zur Sache, solltest du auf dieses Pferd aufspringen und ihm Ergebnisse liefern. Langweile ihn weder mit ausufernden Erzählungen noch mit einer Flut an Zahlen.

Menschen fühlen sich wohl, wenn sie sich unter Gleichgesinnten wähnen. Nun liegt es an dir, was du erreichen möchtest. Möchtest du, dass der andere sich wohlfühlt und öffnet oder möchtest du, dass er sich verschließt? Du musst dich nicht verstellen, aber du kannst aufmerksam darauf achten, welche Bedürfnisse der andere hat, und ihm das geben, womit er sich am wohlsten fühlt. Du wirst in der Körpersprache und im Verhalten des anderen merken, wenn du ihn abgeholt hast.

In Worten klänge das z. B. so: „Ich finde es toll, dass Sie mir diese ganzen Details gegeben haben, damit kann ich großartig arbeiten. Ich freue mich sehr darüber“ oder: „Ich finde, dass Sie ein klasse Typ sind, weil Sie meine Zertifikate an der Wand bemerkt und gewürdigt haben. Mit Ihnen mache ich gerne Geschäfte.“

TIPP

Möchtest du zufriedene Mitarbeiter haben? Lass sie gemäß ihrer Persönlichkeitsstruktur das machen, was sie am besten können. Gib ihnen Zahlen, Daten, Fakten, wenn sie der analytische Typ sind. Gib ihnen Aussicht auf Glitzer und Glamour, wenn sie der Mittelpunktstyp sind. Gib ihnen Sicherheit, wenn sie der Kümmerertyp sind.

Im Gespräch Kontra geben

Es gibt Gespräche, bei denen du gegenhalten musst. Bei denen es vielleicht sogar erforderlich ist, dass du den anderen unter Druck setzt. Das kannst du mit einem bestimmten Verhalten schnell erreichen.

Aber Vorsicht: Wenn du jemanden in Anwesenheit anderer aus dem Konzept bringst, kann er sich zu einer tickenden Zeitbombe entwickeln. Niemand verliert gerne vor anderen das Gesicht. Wenn du also jemanden so weit gebracht hast, aus welchen Gründen auch immer, dass er im Beisein anderer für ihn unangenehme Dinge zugeben muss, ist das in diesem Moment vielleicht ein Gewinn für dich. Sei aber auf der Hut vor dem, was danach kommt. Freu dich, wenn du eine harte Verhandlung gewonnen hast, aber überlege vorher gut, wie weit du bereit bist zu gehen und welche Konsequenzen ein Gesichtsverlust deines Gegenübers haben kann. Überlege, wie du mit ihm in Zukunft noch zusammenarbeiten oder kommunizieren musst oder möchtest.

Nein sagen hat seine Wirkung

Wer Nein sagt, wirkt durchsetzungsfähig, es kann aber auch als zickig wahrgenommen werden. Um elegant Nein zu sagen, stehen dir folgende Strategien zur Verfügung:
Wiederhole, was der andere von dir will: „Ich sehe, dass du ...“, oder biete ein Teil-Ja an: „Ich nicht, aber Soundso kann ...“ oder „Ich mache die erste Hälfte, du die zweite“ oder ein zeitliches Teil-Nein: „Jetzt nicht, aber später.“
Ein ganzes Nein erfordert mehr Mut. Sag zuerst: „Ich fühle mich geehrt, dass...“, danach: „Mein Ziel ist ...“, und dann fügst du hinzu: „Ich habe mich entschieden, dass ..., weil ...“ Nur Mut, du schaffst das!

Hol dir deine Redezeit

Möchtest du mal ausreden dürfen? Kündige am Anfang des Gespräches an, wie viel du sagen möchtest: „Ich habe heute drei Punkte“, dann wird der andere dich eher ausreden lassen, weil er weiß, wie viel noch kommen wird.

Möchtest du bei Dauerrednern zu Wort kommen? Öffne deinen Mund so, als würdest du Luft schnappen, um eine lange Rede zu halten. Hebe dabei den Kopf wie zum Auftakt. Wenn das nicht hilft, hebe deine Hand dazu mit einer kleinen Bewegung mit der Handfläche nach vorne. Das klappt super. Oder hebe einen Finger und setze zum Sprechen an, indem du die Augenbrauen hochziehst und einatmest.

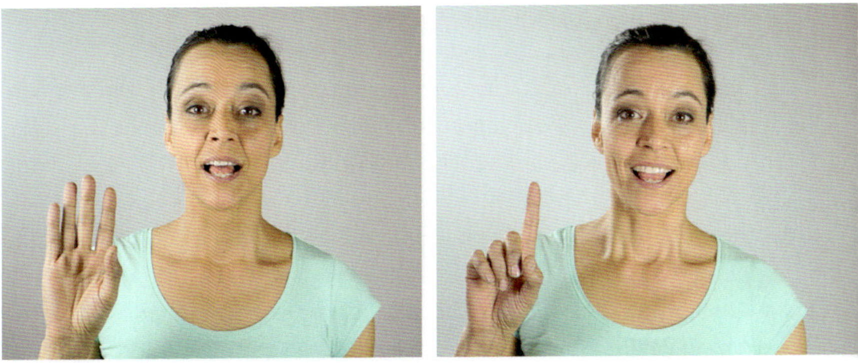

So kommst du bei Dauerrednern zu Wort.

Wenn alle vorhergehenden Tipps nicht helfen und der Dauerredner einfach nicht reagiert, berühre ihn leicht am Unterarm. Spätestens dann wird er aufhören zu reden.

Dauerredner rauben uns den letzten Nerv. Immer? Nein. Manchmal ist es sogar ganz günstig, sie reden zu lassen. Das kann zwei unschlagbare Vorteile haben. Zum einen erfährst du viel zwischen den Zeilen über diesen Menschen. Ob dich das interessiert, steht auf einem anderen Blatt, aber du kannst ihn dadurch schneller einschätzen. Zum anderen wird derjenige nach dem Gespräch auf jeden Fall das Gefühl haben, dass das ein tolles Gespräch war. Die meisten Menschen lieben es, von sich selbst zu erzählen. Damit haben sie das Gefühl, ihre Position in der Gruppe zu stärken.

TIPP

Möchtest du einen Dauerredner am Telefon abwürgen? Sage andauernd bestätigend „Hm, hm, hm". Reagiert der andere nicht, erhöhe die Frequenz. Das ist eine gute Methode, um das Ende eines Telefonats anzukündigen.

Was du lassen solltest

Es gibt keine schlechte Körpersprache. Es gibt aber evolutionäre Trigger in der Körpersprache, die so auf das Unterbewusstsein des anderen wirken, dass er sich unwohl fühlt. Hier folgt eine Liste mit Signalen und Verhalten, die im anderen ein ungutes Gefühl wecken. Es ist gut, zu wissen, was das jeweilige Verhalten triggert, aber um einer guten Atmosphäre und eines respektvollen Umgangs miteinander wegen solltest du das alles lieber sein lassen, auch wenn dir nicht gefällt, was dein Gegenüber zu sagen hat.

- Hackende Bewegungen machen oder den erhobenen Zeigefinger benutzen. Wirkung: aggressiv, dominant, übergriffig, oberlehrerhaft.
- Zu langsam bewegen. Wirkung: Sehr langsam bewegt sich in der Natur nur, wer sehr krank ist oder zum tödlichen Sprung auf sein Opfer ansetzt. In Gruselfilmen wird dieser evolutionäre Trigger gerne eingesetzt, um Gänsehaut zu erzeugen.

Hackende Bewegungen machen einen aggressiven und oberlehrerhaften Eindruck.

- Zu schnelle Bewegungen machen. Wirkung: Unkontrollierbar, fahrig, inkompetent.
- Zu ausladende Bewegungen machen. Wirkung: bedrohlich, weil du in das Territorium der anderen eindringst.
- Die Hände über dem Kopf verschränken oder zu breitbeinig sitzen. Wirkung: In meinen Seminaren haben alle Frauen immer wieder bestätigt, dass sie diese Haltung bei Männern als sehr unangenehm und unhöflich empfinden.
- Sich am Tisch schnell mit offener Körpersprache nach vorne beugen. Wirkung: Kann mit einer entsprechend negativen Mimik angriffsbereit wirken.
- Ständiges Dauernicken. Wirkung: Dein Gegenüber fühlt sich gehetzt.
- Ständig mit „Hm“ bestätigen. Wirkung: Kann wie eine Unterbrechung wirken. Es fühlt sich für dein Gegenüber an wie „Haken dran und weiter“.
- Dauernicken in Kombination mit „Hm“. Wirkung: Der Todesstoß für jede flüssige Konversation und ein gutes Mittel, um das Ende des Gesprächs anzukündigen.
- Sonnenbrille tragen. Wirkung: Die fehlende Information durch den Blickkontakt macht den anderen unsicher.
- Den anderen ausdruckslos anstarren. Wirkung: Verunsichert das Gegenüber. Menschen brauchen das emotionale Feedback des Gegenübers, um sich wohlzufühlen.
- Die Hände in den Taschen, unter dem Tisch oder hinter dem Rücken verstecken. Wirkung: Wieder irritieren die fehlenden Informationen. Unser steinzeitliches Gehirn fühlt sich wohler, wenn wir die Hände sehen können.

Die Hände verstecken irritiert dein Gegenüber.

- Über den Brillenrand blicken. Wirkung: Angriffslustig, egal von welcher Mimik begleitet.
- Der Brillenrand verdeckt die Pupille. Wirkung: Irritierend. Wenn der andere deine Pupillen nicht sehen kann, wirkst du weniger vertrauenswürdig.
- Zu laut sprechen. Wirkung: Einschüchternd und/oder nervtötend.
- Zu leise sprechen. Wirkung: Hiermit strengst du das Gehirn deines Gegenübers sehr an. Das ermüdet und ist lästig.
- Nuscheln. Wirkung: So enthältst du deinem Konversationspartner Informationen vor, die er nur durch Nachfrage erlangen kann. So wirkst du leider inkompetent.
- Sich mit den Händen am Tisch festhalten. Wirkung: unsicher.
- Zu nah am Tisch sitzen. Wirkung: Du versteckst dich so hinter einem Schutz und wirkst damit unsicher.
- Kinn zu hoch halten. Wirkung: Arrogant, angriffslustig.

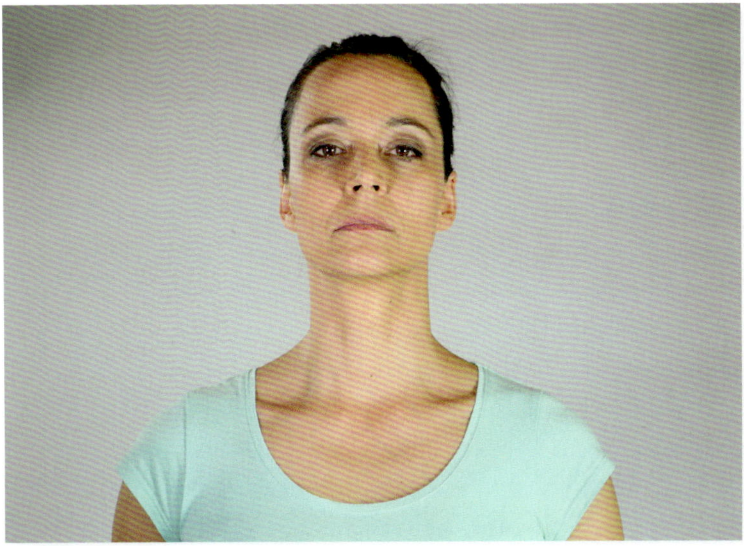

Ein gehobenes Kinn wirkt arrogant.

- Sich wiederholende Geräusche wie Schmuck oder lockere Armbanduhren, die auf der Tischplatte klappern, Räuspern, lautes Herumhacken auf einer Tastatur usw. Wirkung: Es stört die Konzentration und den Gesprächsfluss.
- Zu viel Make-up tragen. Wirkung: Unnahbar. Maskenhafte Gesichter, die wenig Echtheit erkennen lassen, wirken zwar vielleicht schön, aber nicht menschlich. Mit dezentem Make-up kannst du vertrauensvoller und echter wirken.
- Den Blick auf das aufleuchtende Smartphone richten, das eine eingehende Nachricht anzeigt. Wirkung: Demonstrative Nicht-Wertschätzung des Gegenübers.
- Etwas festhalten, das du angeboten hast. Wirkung: Ein sehr unangenehmes Gefühl. Wird der Akt des Gebens gestört, etwa wenn du ein Dokument reichst, es aber in letzter Sekunde festhältst, wirst du immer in schlechter Erinnerung bleiben.

Wird der Akt des Gebens gestört, wirst du immer in schlechter Erinnerung bleiben.

TIPP

Möchtest du deinem Gegenüber Wertschätzung entgegenbringen und überdies eine gute Kinderstube beweisen? Stelle Ton und Vibration aus und steck dein Smartphone in die Tasche.

Selbstsicherheit bewahren

Wenn du weißt, wer du bist und was du kannst und wenn du dein Ziel klar vor Augen hast, kannst du in fast jeder Situation gewinnen und mit schwierigen Menschen elegant umgehen. In manchen Situationen aber verliert man plötzlich die Gelassenheit, und unsere Selbstsicherheit zerfällt durch einen negativen Spruch zu Staub. Das kann eine blöde Bemerkung sein, die uns trifft, oder eine Nachricht, die uns aus der Bahn wirft, eine ungerechtfertigte Anschuldigung oder eine Verbalattacke. Und schon verschwindet die souveräne Körpersprache, das ganze gerade noch so überzeugende Auftreten ist plötzlich weg.

Wie kannst du dein Selbstbewusstsein wieder zurückerlangen? Manchmal bleiben nur wenige Minuten Zeit, um dich wieder auf Spur zu bringen:

- Spanne deine Muskeln für ein paar Sekunden an. Lasse die Anspannung ruckartig los. Genieße die Entspannung, die durch deinen Körper fließt.
- Schüttle dich, um Spannungen zu lösen.
- Mach dir bewusst, was du kannst.
- Wenn es geht, rufe jemanden an, der dich gut kennt und versteht.

Negative Gedankenschleifen durchbrechen

Stimmungen können sich schlagartig ändern, von wundervoll zu katastrophal, von niedergeschlagen zu euphorisch. Das spiegelt sich immer in der Körpersprache wider. Wie aber kannst du deine Emotionen und deine Stimmung so beeinflussen, dass du so wirken kannst, wie du es willst?

Laut der Hirnforschung ist eine Emotion ein biochemischer Prozess, der nach 90 Sekunden wieder verschwunden ist. Das, was uns stresst, was uns aufregt, was uns mürbe macht, sind die Gedanken, die dadurch ausgelöst werden. Dadurch wird die Emotion immer wieder von Neuem aktiviert. Beispiel: Du regst dich über jemanden auf, der dir einen Parkplatz vor der Nase weggeschnappt hat. Unter biochemischen Gesichtspunkten wäre deine Wut nach 90 Sekunden verflogen. Aber vor deinem inneren Auge siehst du immer wieder, wie er einfach vorwärts hineingefahren ist, so dass du jetzt neu suchen musst und vielleicht zu spät zu deinem Termin kommst, und wie hämisch der Trottel auch noch gegrinst hat. Das kann ziemlich lange so gehen.

So kommst du aus dieser Gedankenschleife wieder heraus:

1. Atme bewusst langsam aus und warte 90 Sekunden.
2. Nimm das Gefühl der Wut als solches wahr. Zu erkennen, dass du wütend bist, anstatt dich dem Gefühl unkontrolliert hinzugeben, kocht dich schon herunter.
3. Mach dir bewusst: „Okay, ich bin jetzt sauer. Aber das ändert nichts, außer dass ich mich schlecht fühle."
4. Hat dich jemand mit einer Verbalattacke getroffen, finde eine Körpersprache für dich, die nichts mit der Emotion Wut zu tun hat. Zum Beispiel: Blicke dein Gegenüber mit ruhiger Mimik an, neige den Kopf leicht schräg und warte ab. Lass die Wut verfliegen, wie sie gekommen ist.
5. Benutze deine positiven Anker (Musik, Duft, eine Tätigkeit), um dem Gefühl keinen Raum zu geben.

! TIPP

Wenn du jemanden triffst, der durch sein Verhalten droht, dir den Tag zu versauen, sage dir: „Der hat bestimmt nur einen schlechten Tag." Du weißt nicht, was er in diesem Moment in seinem Rucksack mitschleppt – nimm es nicht persönlich!

Wenn es mal nicht so läuft

Es gibt Situationen, in denen du einfach nicht auf der Höhe bist, die dich überfordern und wo du Gefahr läufst, nicht die Leistung bringen zu können, die du willst. Was trägt dich durch eine Situation, die dir neu ist oder in der du dich nicht wohlfühlst? Dazu gibt es wertvolles Werkzeug aus der Schauspielschule. Tu so, als ob, um so zu wirken, wie du möchtest. Mit dem „So tun, als ob" kannst du dich in genau die Stimmung bringen, die du in der Situation brauchst.

- Bist du unmotiviert? Tu so, als ob du motiviert wärst. „Ich kann nicht“ gibt’s nicht. Setze dir kleine Ziele, um immer wieder Erfolgserlebnisse zu haben.
- Bist du nervös? Tu so, als wäre die Rolle, in die du gleich einsteigst, die einer selbstsicheren und ruhigen Person. Was tut jemand, der souverän und selbstsicher ist? Er atmet ruhig und lächelt innerlich.
- Bist du krank? Erkältung, Rückenschmerzen? Tu so, als ob du gesund wärst. Für den Zeitraum des Termins wird dein Körper das durchhalten. Ich hatte einen Vortrag, bei dem ich bis fünf Minuten vorher nicht wusste, ob ich es mit meinen Rückenschmerzen überhaupt auf die Bühne schaffen würde. Ich tat so, als ob ich völlig gesund wäre, und zog es durch. Frag nicht, wie es mir danach ging, aber wenn es wirklich um etwas geht, wird dein Körper zu dir stehen.
- Du kannst dein Gegenüber nicht ausstehen? Tu so, als ob du ihn mögen würdest. Überliste dein Gehirn. Such dir ein Detail an ihm, das du gut findest: Haare, Stimme, Nase, Kleidung, irgendetwas. Es wird in deinem Gehirn eine positive Grundhaltung auslösen. Was glaubst du, wie oft ich mich schon in die Nase eines Schauspielpartners verliebt habe, nur um ihn vor der Kamera küssen zu können?
- Willst du Kompetenz ausstrahlen? Tu so, als wärst du kompetent, dann wird sich deine Körpersprache anpassen. Meinst du, ich muss Jura studiert haben, um im Fernsehen eine Anwältin zu spielen? Natürlich nicht. Aber ich kann so tun – und du kannst das auch.

ÜBUNG

Möchtest du besonders kompetent wirken? Steh schulterbreit mit dem Gewicht auf beiden Beinen gleichmäßig verteilt. Die Fußspitzen sind parallel und die Knie nicht ganz durchgedrückt.

Jetzt versuche mit einer schlaffen Körperhaltung auszudrücken: Ich bin kompetent. Nun sage es mit einer geraden aufrechten Haltung. Wie fühlst du dich besser?

Schlaff …

… oder straff: Die Körperhaltung entscheidet über deine Aussage.

Deine Magic-moment-Haltung

In meinen Seminaren mache ich mit den Teilnehmern gern eine Übung, die schnell und wirkungsvoll ist und die du vielleicht mit Freunden nachmachen kannst.

Ich teile ungefähr 20 Karten mit unterschiedlichen inneren Haltungen und Gedanken aus. Darauf steht z. B.: „Ich finde dich großartig", „Was du sagst, ist sehr klug", „Ich bin wertvoll", „Dein Lächeln ist wundervoll" usw. Die Teilnehmer bilden Paare und nehmen jeweils die auf der Karte genannte Haltung an, indem sie diesen Satz denken und sich in ihn hineinversetzen, ohne dass der andere den Inhalt kennt. Dann führen sie ein beliebiges Gespräch, dessen Inhalt unwichtig ist. Danach beschreiben sie, wie sie aufeinander gewirkt haben: aggressiv, schüchtern, liebevoll, kompetent usw. Erst dann wird aufgelöst, was auf den Karten stand.

Die Erfahrung, wie jeder Einzelne wirkt, wenn er eine bestimmte innere Haltung annimmt, ist Gold wert und öffnet so manchem die Augen. Aber es geht noch tiefer. Bei den meisten gibt es einen bestimmten Moment, eine bestimmte Haltung, die ihre Ausstrahlung verändert. Ich nenne es den magischen Moment. Das ist der Moment, in dem auch jeder andere, der das Gespräch mitverfolgt, eine Veränderung in dieser Person wahrnimmt. Es gibt für jeden Einzelnen einen bestimmten Gedanken, der einen Zauber in ihm auslöst. Das mag bei dem einen sein „Ich bin wertvoll", bei einem anderen vielleicht der Glaubenssatz „Du findest mich großartig". Die teilnehmenden Spielpartner beschreiben diese Veränderung später als „Ich habe mich plötzlich so wohlgefühlt", „Das bin ich" oder „Es hat richtig gekribbelt im Bauch."

Charisma – nicht nur für Stars

Die Tür geht auf, der Raum gehört dir. Verstohlen drehen sich die Leute zu dir um. Sie würden alles geben, um auch so zu sein wie du. Das kennst du nicht, würdest diese Fähigkeit aber gerne anknipsen, wenn dir danach ist? Kein Problem: Nach diesem Kapitel wirst du strahlen.

Was macht charismatische Menschen aus?

Du bist freundlich? Gut. Mach es sichtbar. Du bist kompetent? Gut. Mach es sichtbar! Positives Charisma ist in meinen Augen die perfekte Verschmelzung von freundlicher Wärme und Kompetenz. Was heißt Charisma bzw. was zeichnet charismatische Menschen aus?

- Sie lassen sich von anderen charismatischen Menschen nicht irritieren, weil sie sich ihrer Ziele und ihres Könnens sehr bewusst sind. Es gibt zwischen charismatischen Menschen kein Statusgerangel.
- Charisma entsteht oft in den Köpfen anderer. Beispiel: Ein Mann betritt den Raum. Er wird von einem anderen Mann begleitet, der einen Schritt hinter ihm geht und ihm die Tasche trägt. Erinnerst du dich an den Film *Catch me if you can*? Ein Mann im Pilotenanzug ist ein Mann im Pilotenanzug. Das allein besitzt in den Köpfen der anderen schon Ausstrahlung. Aber Leonardo diCaprio scharte außerdem noch eine Gruppe schöner Stewardessen um sich, was ihn wie einen erfolgreichen und charismatischen Piloten wirken ließ.
- Charismatische Menschen haben ein Ziel vor Augen. Etwas brennt in ihnen. Sie sind in der Lage, andere Menschen starke Gefühle erleben zu lassen. Schau dir Verliebte an. Sie wirken auf andere anziehend, weil sie von innen her strahlen.
- Charisma haben Menschen, die begeistern können, die Emotionen zeigen, keine Maske tragen und Visionen haben.

Auch du kannst Charisma

Weil du einzigartig bist. Jeder hat seine eigene Art von Ausstrahlung. Es gibt nicht nur das nach außen strahlende, „laute“ Charisma. Es gibt Menschen, die eine Wärme in sich tragen, von der jeder gerne etwas abhaben möchte. Diese Menschen sind still und zurückhaltend, wirken aber gleichzeitig sehr anziehend auf uns.

Charisma ist situationsabhängig. Manche Menschen strahlen, wenn sie die Businessbühne betreten, und sind zu Hause eher unscheinbar. Es gibt viele Stars, die ihre Ausstrahlung anknipsen, wenn sie das Rotlicht der Kamera sehen. Wie kannst du dein eigenes Charisma zum Leben erwecken?

1. Finde die Orte heraus, an denen du strahlen und aufblühen kannst, und die Orte, an denen du lieber in der dritten Reihe stehen würdest. Wo bist du das strahlende Selbst? Ist es in einer *Face-to-face*-Konversation? Oder wenn du im Mittelpunkt einer Gruppe stehst?
2. Finde die Themen, bei denen du beginnst zu strahlen. Versuche in Gesprächen in Richtung dieser Themen zu gehen. Aber pass auf, dass du den anderen nicht mit deiner Begeisterung überrollst.
3. Gib zu, wenn du etwas nicht weißt. Menschen finden andere interessant, die genau wissen, was sie können, aber sie finden auch Menschen interessant, die wissen, was sie nicht können. Mein Spruch, wenn ein Thema angeschnitten wird, von dem ich keine Ahnung habe: „Das klingt superinteressant. Kannst du es bitte einfacher erklären? Ich bin inselbegabt.“

TIPP

Wie kannst du Charisma in deinen Alltag integrieren, um zu strahlen und andere zu fesseln?
- Habe dein Ziel vor Augen.
- Wisse, was du kannst und wer du bist.
- Sei dir bewusst, dass du mit all deinen Facetten einzigartig bist.

Erinnere dich, Charisma ist die Kombination aus Freundlichkeit und Kompetenz. So wirkst du freundlich und kompetent gleichzeitig:
1. Konzentriere dich auf den Augenblick und auf das, was im Moment wichtig ist. Schiebe alle störenden Gedanken auf später.
2. Wende dich mit voller Aufmerksamkeit deinem Gesprächspartner zu.
3. Zeige Vitalität durch deine Körpersprache (z. B. gute, aufrechte Körperhaltung, lebendiges Gestikulieren, wacher Blick).
4. Sprich ruhig und überlegt.
5. Lächle einmal mehr, als du sonst lächeln würdest.

Lächeln – die kürzeste Verbindung zwischen zwei Herzen

Der Blick ist die kürzeste Verbindung zwischen zwei Menschen, das Lächeln aber die kürzeste Verbindung zwischen zwei Herzen. Lachen ist gesund. Das weiß jedes Kind. Aber warum lachen wir eigentlich? Das echte Lächeln, das, bei dem die Fältchen um die Augen entstehen, gehört zum menschlichen Sozialverhalten. Es ist ein soziales Schmiermittel. Wer echt lächelt, ist nicht gefährlich, zumindest nicht in diesem Moment.

Wie findest du jemanden, der auf der Straße einfach vor sich hin lacht? Ohne dass du einen Auslöser dafür entdecken kannst? Es ist kein Mensch da, er schaut auch nicht auf ein Handy oder liest etwas, sondern lacht einfach nur ins Nichts.

Lächeln funktioniert. Wenn du lächelst, öffnen sich Türen zu deinen Mitmenschen. Beobachte dich im Alltag. Lächelst du, wenn du alleine bist? Oder lächelst du eher, wenn du mit anderen zusammen bist?

ÜBUNG

Um zu sehen, wie du wirkst, wenn du innerlich brennst und ein Ziel hast, filme dich selbst. Stell eine Kamera auf und setze dich auf einen Stuhl. Zuerst sitze nur da und denke an nichts. Schau dich im Raum um, fühle den Stuhl unter dir, mach deinen Kopf frei. Dann denke an ein Erlebnis, das du hattest, etwas besonders Schönes, z. B. deinen letzten Erfolg im Job, ein tolles Urlaubserlebnis oder was auch immer. Geh in Gedanken die ganze Szene durch, erlebe sie noch einmal von Anfang bis Ende.

Dann schau dir das Video an. Du wirst feststellen, dass sich deine Ausstrahlung positiv verändert hat, als du von Gedanken und Emotionen erfüllt warst.

PARTYNETZWERKPROFI WERDEN

Du weißt nun schon viel darüber, wie du in Gesprächen wirken kannst, wie du willst, wie aber ist es in der „freien Wildbahn"? Da draußen, wo alle zusammenkommen, die ihr Netz erweitern wollen. Für manche ist es ein Fest der verbindenden Kommunikation, für andere der blanke Horror: die Netzwerkveranstaltung. Wie du auch dort punktest, liest du hier.

„Netzwerken ist wie Fischen gehen,
nur dass man den Fisch verspeist,
nachdem man ihn an der Angel hatte."

Die richtige Kleidung

Wenn du angenommen werden möchtest und auf keinen Fall anecken willst, dann kleide dich wie der Großteil der Anwesenden. Frauen haben naturgemäß ein größeres Spektrum, auf das sie zurückgreifen können. Wenn ich nicht weiß, welche Garderobe erwartet wird, trage ich meist das klassische „kleine Schwarze“ mit halbhohen Pumps, um sicherzugehen. Männer sind auf der sicheren Seite, wenn sie eine ordentliche Jeans, ein Hemd und ein gutes Jackett überwerfen.

Der beste Platz im Raum

Viele denken, dass der Platz direkt am Eingang strategisch günstig ist, weil alle an dir vorbeimüssen. Das stimmt aber nur dann, wenn du willst, dass die Leute dich schnell wieder verlassen und weiterziehen. Am Eingang sind alle Ankommenden sehr gestresst von der Flut an Information: Wer ist alles da? Wen muss ich begrüßen? Wo ist das Buffet? Mache ich auch einen guten Eindruck? Bestenfalls bekommst du von deinem Gesprächspartner in spe ein knappes „Hallo“, während er schon über deinen Kopf hinweg in die Menge blickt. Auch für ein zweites Aufeinandertreffen ist das ungünstig, denn im schlimmsten Fall wirkt es wie „Ich habe niemand anderen gefunden, dann spreche ich eben wieder mit Ihnen“. Ein Vorteil ist allerdings, dass du schon mal gesehen wurdest und so vertrauter auf den anderen wirkst.

Am Buffet könnte doch ein guter Platz sein? Schließlich sind Futterplätze immer gut besucht, und jeder kommt mindestens einmal am Abend dort vorbei. Aber würdest du gerne angesprochen werden, während du deinen Teller belädst und dich auf dein Essen freust?

Eine Möglichkeit, bei der sich ein Gespräch ergeben könnte, ist in der Schlange am Buffet. Aber auch hier hat keiner wirklich Lust zu sprechen, sondern erst mal Hunger und ist neugierig, was es gibt, und vor allem, ob von allem auch noch genug da ist. Auch in zweiter Reihe beim Buffet steht es sich schlecht zum Networking: Niemand möchte gleichzeitig Teller, Getränk und Besteck jonglieren und dann auch noch jemandem die Hand zur Begrüßung geben müssen.

Manchmal hat man das Glück, auf der Netzwerkveranstaltung Freunde zu treffen, die einem über die ersten unsicheren Minuten hinweghelfen. Das Problem ist: nicht nur die ersten Minuten. Am Ende des Abends stellt man fest, dass diese Unterhaltung auch an einem anderen Ort privat verabredet hätte geführt werden können. Die gähnende Leere in der Tasche, die mit zahlreichen Visitenkarten hätte gefühlt werden müssen, zeugt von einem schönen Abend mit Freunden, die man ohnehin schon kennt. Und hat man sich erst einmal mit Freunden oder Bekannten gefunden, ist es manchmal schwierig, sich elegant wieder zu lösen. Ein „Ich dreh dann mal 'ne Runde" könnte von manch sensibler Person sogar persönlich genommen werden.

Hier hilft es, sich am Buffet nur kleine Portionen aufzutun. So hast du die Möglichkeit, öfter zu gehen und dich am Tisch höflich zu entschuldigen. Nichts ist schlimmer, als stundenlang an einen Tisch gefesselt zu sein, an dem du schon nach wenigen Minuten feststellst, dass er keinen kommunikativen Mehrwert für dich bringt.

Die einzige Ausnahme für das Sich-Festzurren an einem Bekannten ist, wenn dieser ein Netzwerker par exellence ist. Ich habe einen Bekannten, der der König unter den Netzwerkern ist. Er macht sofort alle miteinander bekannt und erzählt dabei drei bis vier Dinge über die vorgestellte Person. Beispiel: „Darf ich vorstellen, das ist Peter Müller, er ist Leiter des Phantasieverlags in Hamburg. Gerade vor einem Monat ist er stolzer Papa geworden und will deswegen dieses Jahr zum ersten Mal nicht den Jakobsweg gehen." Perfekt, oder?

So kommst du schnell ins Gespräch

Bleib nach der Begrüßung des Gastgebers bei ihm stehen. Er wird dich schnell mit anderen bekannt machen. Solltest du ihn gut kennen, darfst du deine Bitte auch äußern. „Ist das okay, wenn ich erst mal bei dir stehen bleibe, ich kenne hier kaum Leute." Sehr gerne wird er dich anderen vorstellen. Schließlich weiß er das meiste über die Gäste.

Stelle dich an einen Ort, wo es Getränke gibt. Die meisten gehen alleine zur Bar, um Getränke zu holen. Entweder hat das den Hintergrund, dass sie sich von ihren Gesprächspartnern lösen wollten, oder sie holen für den Gesprächspartner etwas mit. Oder sie gehen zur Bar, weil sie niemanden zum Reden haben. Fakt ist, in diesem Moment haben sie keinen Gesprächspartner, und das ist dein großer Moment, „Hallo" oder „Den Weißwein kann ich sehr empfehlen" zu sagen und zu lächeln.

TIPP

Der beste Spruch, um jemanden zu begrüßen, ist tatsächlich: „Hallo!" Damit setzt du den anderen nicht unter Druck und vermeidest, irgendwie seltsam zu wirken, und der andere kann entscheiden, ob er nach dem eigenen „Hallo" ein Gespräch anfangen möchte oder nicht.

Stell dir vor, du hast die Möglichkeit, einen für dich sehr interessanten Kontakt auf einer Party kennenzulernen. Geht es dir auch so, dass dich das dann unnötig unter Druck setzt? Du überlegst dir fieberhaft, was du Intelligentes oder zumindest Beeindruckendes sagen könntest. Aber Druck macht deine Ausstrahlung kaputt. Mach dir keinen Stress. Gehe auf ihn zu und plaudere mit ihm über ganz banale oder aber aufregende Dinge, so wie es eben kommt. Ich versuche immer auf einer Ebene mit ihm zu bleiben – er ist ein Mensch und ich bin ein

Mensch. Die meisten schätzen das sehr. Naturgemäß werden solche Leute ständig von anderen angesprochen, die etwas von ihnen wollen oder sie auf ihre Existenz aufmerksam machen wollen. Gerade das Kennenlernen von Führungskräften in gehobenen Positionen ist eine schwierige Angelegenheit. Denn diese werden ständig umschwärmt, umgarnt und hofiert: Jeder möchte demonstrieren, dass er „ganz dicke" mit dem Betreffenden ist. Das nehme ich oft als Gelegenheit zu fragen: „Sie kennen aber viele Leute hier, was machen Sie denn, hab ich was verpasst?" Da wir uns bis zu diesem Zeitpunkt auf einer ganz anderen Ebene kennengelernt haben, wird er zu 95 Prozent lachen, und das schon längst gebrochene Konversationseis wird endgültig zu einer angenehmen Kommunikation auf Augenhöhe.

Um erfolgreich eine Konversation zu starten, nimm zuerst Blickkontakt auf. Wenn sich der Blickkontakt wiederholt, lächle. Der dritte Blickkontakt darf als Okay für eine verbale Kontaktaufnahme gewertet werden. Stelle dann nach einem kurzen Smalltalkgeplänkel eine Frage, die nicht von etlichen Netzwerkveranstaltungen ausgeleiert ist. Mein persönliches Highlight ist die Frage: „Was ist derzeit Ihr Lieblingsprojekt?" Sofort beginnt der andere zu erzählen.

Die meisten Menschen freuen sich, wenn sie gefragt werden. Wenn du nicht von der Arbeit reden willst, frag: „Was gibt es Schönes in Ihrem Leben?" Sofort beginnt der andere nach den positiven Dingen in seinem Leben zu suchen, und die Stimmung ist gut. Probiere einfach aus, was funktioniert, und lass dich nicht entmutigen, wenn es mal nicht klappt. Ich plapperte einfach mal einen Mann neben mir an: „Was war das Schönste, das Ihnen heute widerfahren ist? Und er: „Hm, um ehrlich zu sein, war das bis jetzt der beschissenste Tag meines Lebens." Als ich betreten schwieg, fragte er: „Und was war der schönste Moment Ihres Tages?" Und ich: „Dass ich Sie getroffen habe." Wir lachten beide, und das Eis war gebrochen.

ÜBUNG

Vor einiger Zeit sprach mich ein befreundeter Trainerkollege an, ob ich Lust auf ein Experiment hätte. Wie sehr mich diese Übung beeindrucken würde, konnte ich zu diesem Zeitpunkt nicht annähernd erahnen. Das Experiment ging so: Wir sollten durch die Menge gehen, uns mit Leuten unterhalten und dabei kein einziges Mal das Wort „ich" benutzen.

Challenge accepted. Bei den Gesprächen versuchte ich den anderen in den Mittelpunkt zu stellen. Ich durfte nichts von mir erzählen außer „Ja, mir geht es genauso", denn es durfte ja kein „ich" vorkommen. Mein Fokus war in der Kommunikation voll und ganz auf den anderen gerichtet, meine Wahrnehmung seiner Mimik, Gestik, seines Distanzbedürfnisses und seiner Körperhaltung wurde geschärft. Ich war überhaupt nicht mit mir selbst und meiner Selbstdarstellung beschäftigt – eine wunderbare Erfahrung für mich. Versuche auch mal die „Ich-Diät".

So bleibst du in Erinnerung

Wenn du bei deinem Gesprächspartner in Erinnerung bleiben möchtest, musst du alles dafür tun, sein Gehirn so stark wie möglich im Zusammenhang mit deiner Person zu aktivieren. Je mehr Synapsen in Bezug auf dich in seinem Gehirn gebildet werden, desto stärker ist die Verbindung zu dir. Und wenn eine starke Verbindung da ist, hat er das Gefühl, dass er dich gut kennt.

Unsere Erinnerung funktioniert über Emotionen. Ist eine Emotion mit einer Situation verbunden, betoniert sich diese Erinnerung in unser Gehirn. Deswegen erinnern wir uns alle an den ersten Kuss, das erste Mal, das erste Bewerbungsgespräch.

„Wieso sollte ich in einem Bewerbungsgespräch oder Meeting Emotionen beim anderen verankern, ich will ihn ja nicht heiraten“, höre ich dich murmeln. Nun ja, das stimmt in der Sache. Aber irgendwie würdest du schon gern in Erinnerung bleiben, oder? Und das funktioniert eben am besten durch Emotionen. Du musst es also schaffen, dein Gegenüber zum Lachen, Weinen, Wüten, sich Ekeln oder Staunen zu bringen. Ich bevorzuge das Lachen, das ist für alle das Angenehmste.

Erzähle eine Geschichten und begleite sie mit deiner Gestik. Auch hiermit „malst“ du ein Bild in das Gedächtnis des anderen. Die Geschichten können Neuigkeiten sein, etwas Aufregendes oder Besonderheiten über dich. Ich beispielsweise habe ein Grundstück auf dem Mond gekauft. Und damit ich keinen Ärger mit den Nachbarn habe, habe ich die umliegenden Grundstücke auch gekauft und meinen besten Freunden geschenkt – eine solche Geschichte bleibt in Erinnerung. Dein Gesprächspartner erinnert sich viel besser an dich, wenn Bilder in seinem Kopf entstehen. Ein Versicherungsmakler etwa erzählte mir, dass er an Karneval eine berühmte Band als Fahrer begleitete. Ich war überrascht, hatte sofort ein Bild vor Augen und kann mich bis heute an ihn erinnern.

TIPP

Zeige deine Emotionen. Berühre die Leute, indem du sie das miterleben lässt, was du fühlst. Sie werden sich an dich erinnern. Erinnerungen sind stark verbunden mit Gefühlen.

PRÄSENTATIONEN GEKONNT MEISTERN

Der große Tag naht, und dir zittern schon die Knie. Wie wird das Publikum reagieren? Was, wenn du vergisst, was du sagen wolltest? Wenn wir vor eine Gruppe treten, wissen wir nicht, was uns erwartet, und fürchten wir uns – vor ihnen, vor ihrer Kritik und unseren eigenen Ansprüchen an uns selbst. In diesem Kapitel bekommst du das Handwerkszeug, um entspannt vors Publikum treten und kompetent dein Thema vermitteln zu können.

„Mit dem Adrenalin vor einem Vortrag
kann man einen Stein zum Leben erwecken."

Lampenfieber: ganz normal

Eine Minute vor dem Auftritt. Der Moderator feuert seine Ankündigung ins Mikrofon: „... und unsere nächste Rednerin: Sie kennen sie als Schauspielerin aus zahlreichen TV-Serien wie „Cobra 11“, Rosenheim-Cops, „Ein Fall für zwei“, „Küstenwache“, „Unter uns“ und vielen mehr. Sie ist erfolgreiche Autorin, hat mittlerweile zehn Bücher geschrieben, das elfte ist bereits in Arbeit. Sie hat einen eigenen Blog, Youtubekanal und Podcast. Sie hat als Einzige den 27-Stunden-Tag für sich durchsetzen können. Begrüßen Sie mit mir die wohl wirkungsvollste Rednerin des heutigen Abends ...“

Das Herz schlägt mir bis zum Hals, meine Knie fühlen sich an wie Wackelpudding, meine Hände sind schweißnass und eiskalt. Ich habe keine Ahnung, wie auch nur ein einziges Wort aus meinem ausgetrockneten Mund kommen soll. Nur ein Gedanke schreit in meinem Kopf: „Lieber sterbe ich, als da auf diese Bühne zu gehen! Wie war nochmal mein erster Satz?“

Wie sich Lampenfieber anfühlt, weiß jeder. Bei dem einen ist es stärker, beim anderen schwächer ausgeprägt. Stark ausgeprägtes Lampenfieber kann sich sogar anfühlen wie Todesangst. Bei schwacher Ausprägung ist es nur ein kleines Zittern, eine leichte Anspannung, aber egal wie stark: Lampenfieber ist immer unangenehm.

Lampenfieber ist ein Schutzmechanismus, der uns kampfbereit macht und in höchste Konzentration versetzt. Warum haben wir Lampenfieber? Lampenfieber ist die Angst vor negativer Bewertung. Manche spüren dieses Kribbeln kurz bevor sie etwa bei einer Präsentation vor Menschen sprechen müssen, manche beim ersten Date, und wieder andere würden am liebsten wegrennen, als zum Bewerbungsgespräch zu gehen. Kein Wunder: In diesem großen Moment der Anspannung reagiert unser Gehirn genau richtig: Es schaltet auf Flucht- oder Kampfmodus, denn es ist auf Überleben programmiert. (Eine weitere Option ist noch der Totstellmodus, bei Vorträgen eher bekannt als „Blackout".)

Warum reagiert unser Gehirn so? Wir sehen uns in diesem Moment einer Gruppe Menschen gegenüber, von denen wir nicht genau wissen, ob sie Freund oder Feind sind. Also fährt unser ganzes System evolutionär bedingt erst mal auf Anspannung – zur Sicherheit. Diese Anspannung ist lästig, aber wir können sie auch für uns nutzen, um fokussierter zu sein. Zwar denkt nicht jeder in dieser unangenehmen Situation: „Oh, wie cool, mich zerreißt es vor Nervosität, aber das ist ja gut, weil ich so viel fokussierter bin!", aber es ist wichtig, sich den Mechanismus hinter dem Lampenfieber deutlich zu machen, um es loszuwerden.

Akute Hilfe bei Auftrittsangst

Bedenke immer: Nur du spürst, dass dein Herz bis zum Hals schlägt. Die anderen sehen die Nervosität nicht. Kennst du die Castingshows, bei denen die Kandidaten sagen: „Ich bin so nervös"? Dabei wirken sie meistens relativ normal. Vertraue darauf, dass das Publikum deine Nervosität weniger sieht, als du sie spürst. Hier ein paar Tipps zur Soforthilfe:

- trockener Mund: Creme dir einen Tropfen Sesamöl in die Nasenlöcher. Oder nimm etwas Säurehaltiges zu dir: Lutsche ein Zitronenbonbon oder iss eine Mandarine oder Orange. Falls das nichts nützt: Beiß dir auf die hinteren Backenzähne. Für eine kurze Zeit regt das den Speichelfluss an, und du hast die ersten Minuten gerettet.
- flache Atmung: Wenn du eine flache Atmung hast, wenn sich der Brustkorb anstelle des Bauches hebt und senkt, dann atme tief in

den Bauch und zähle bis vier. Dann atme aus und zähle wieder bis vier. Das Gute dabei ist: Wenn du es nicht ganz hinbekommst, wirst du trotzdem ruhiger, weil dich das Zählen ablenkt.

- kalte Hände: Stecke sie unter die Achseln, dort ist der wärmste erreichbare Ort deines Körpers.
- nasse Hände: Versuche es mit Babypuder, das verschließt ein wenig die Schweißdrüsen.

Vorbereitung ist das beste Mittel

Die beste Maßnahme gegen Lampenfieber ist eine gute Vorbereitung. Das gilt nicht nur für Vorträge und wichtige Gespräche wie Verhandlungen oder eine Bewerbung, auch bei einem Date schadet es nicht, gut vorbereitet zu sein. Geht es um einen professionellen Termin, helfen dir die folgenden Maßnahmen:

„Beschnuppere" den Ort des Geschehens. Betrete im Vorfeld einmal die Bühne, wenn das geht. Google das Unternehmen, hol dir alle Informationen, die du finden kannst. Schau dir Fotos der Personen, die du treffen wirst, im Internet an. Dein Gehirn wird dir jede Vorbereitung dieser Art danken, weil es dann, wenn es darauf ankommt, nicht mehr so viele Informationen auf einmal zu verarbeiten hat.

Visualisiere, was du vorhast. Stell dir die Situation so genau vor wie möglich. Spiele sie in Gedanken mehrmals durch. Dein Gehirn wird sie dann nicht mehr als neu identifizieren, sondern als schon mal da gewesen, und das beruhigt. So wird auch ein enormes Potenzial zur Improvisation freigesetzt.

Erstelle einen Handlungsplan. Was muss wann wie passieren? Sei dabei so konkret wie möglich. Diese Vorbereitung erspart dir am Tag des Termins viel Stress. Wenn ich für einen Vortrag gebucht bin, habe ich immer einen Handlungsplan und versuche etwaige Unstimmigkeiten abzusichern. Sei früh genug da, mach einen Soundcheck, sieh dir das Flipchart an (sind z. B. genügend Stifte da?) und lauf einige Male über die Bühne. Und: Hab einen Plan B in der Tasche für den Fall, dass etwas nicht so läuft, wie du es dir vorgestellt hast.

TIPP

Michael Ehlers, mein geschätzter Speakerkollege und Rhetoriktrainer, hat mir einen Trick verraten, wie ich am Veranstaltungsort überprüfen kann, ob der Veranstalter alles umgesetzt hat, was abgesprochen war oder nicht: Er bittet als Letztes in seinem Absprachedokument darum, dass hinter der Bühne immer eine Banane und zwei Dosen Red Bull bereitstehen. Ist das nicht der Fall, dann weiß er, dass auch der Rest möglicherweise nicht eingehalten wurde.

Stecke dir ein Mini-Ziel. Was ist das kleinste Ziel, das du erreichen möchtest? Ist es, dass du auf einem Network-Event mindestens eine Visitenkarte austauschst? Oder dass du auf einem Vortrag mindestens einen Lacher erntest oder ein Nicken eines Zuschauers im Publikum abholst? Oder dass du im Bewerbungsgespräch mindestens ein Lächeln erzielst? Oder beim Date eine Gemeinsamkeit findest?

Übe deinen Vortrag vor einer Kamera. Ein Smartphone reicht, um dich selbst aufzunehmen. Da wir uns so selten selber sehen, wird das ein Aha-Effekt sein und du siehst, wo du eventuell noch ein Schräubchen drehen kannst. Trage am besten die Kleidung, die du für den Vortrag gewählt hast, dann kannst du auch hier noch variieren, wenn etwas nicht hundertprozentig passt.

Übe deinen Vortrag vor Freunden. Sag ihnen, dass die Präsentation oder das Gespräch wichtig für dich ist und du ihr Feedback brauchst.

Sag ihnen, worauf du Wert legst, etwa: „Achtet bitte darauf, ob es schlüssig und verständlich ist, was ich sage, ob der Einstieg langweilig oder fesselnd ist und welche Punkte euch die wichtigen scheinen und was ich weglassen könnte. Achtet bitte auf meine Körpersprache. Ist sie lebendig, hektisch, lahm oder unterstreicht sie das Gesagte?“ Du hast natürlich auch die Möglichkeit, deinen Vortrag oder das Gespräch mit professionellen Feedbackgebern durchzugehen. Sie können dir konkrete Verbesserungsvorschläge machen. Ich liebe diese Art zu arbeiten, weil innerhalb kürzester Zeit mit nur kleinen Änderungen ein fesselnder und überzeugender Auftritt entstehen kann.

Lerne Anfang und Ende deiner Rede unbedingt auswendig. Um zu verhindern, dass nur noch dein Reptiliengehirn funktioniert, sobald du auf die Bühne trittst, lerne die ersten Worte auswendig. Dein Gehirn merkt, dass es gut läuft, Freude und Erleichterung stellen sich ein und du kannst eloquent und charmant weitermachen.

Mach Sprechübungen. Durch die Anspannung geht die Stimme oft nach oben. Daher können die ersten paar Sätze auf der Bühne oder in einem Gespräch höher klingen, als du normal sprichst. Das liegt daran, dass deine Atmung schneller geht und dein Herz in einer höheren Frequenz pumpt. Dadurch ziehen sich die Stimmbänder zusammen und lassen weniger Luft durch. Dem kannst du mit Sprech- und Atemübungen entgegenwirken (siehe Kapitel „Die Stimme, dein Instrument“). Oder versuche einfach, tiefer als mit deiner normalen Sprechstimme zu beginnen, dann kommst du sozusagen in der „Normallage“ raus.

Geh das „Worst-case-Szenario“ durch. Frag dich, was schlimmstenfalls passieren kann, wenn du alles versemmelst. Du wirst feststellen: Unter dem Strich bleibt immer noch genug übrig, deine Würde erhobenen Hauptes nach Hause zu tragen.

Am Abend vorher

Du bekommst vor Aufregung die Nacht davor kein Auge zu? Du wälzt dich von links nach rechts, versuchst die Gedankenmühle zu stoppen, die sich unaufhaltsam dreht und dir weismachen will, dass du vielleicht doch etwas vergessen hast oder nicht genug vorbereitet bist? Versuche es mit folgenden Maßnahmen:

- Akzeptiere, dass du eben gerade nicht einschlafen kannst. Dadurch wird der Druck weniger, und bald kannst du doch einschlafen.
- Nimm ein Hörbuch, dann sind deine Gedanken abgelenkt und du gleitest sanft in wohltuende Entspannung. Oder du hörst Musik, die du magst und die dich beruhigt. Setze diese auditiven Anker ein, um dich herunterzufahren.
- Mach einen debil wirkenden Gesichtsausdruck, bei dem sich alle Muskeln in deinem Gesicht total entspannen. Der Mund öffnet sich, die Augen sind halb geschlossen und die Anspannung um die Augenbrauen löst sich. Studien haben ergeben, dass Menschen mit einem solchen Gesichtsausdruck keine kognitive Höchstleistung bringen können und das Gehirn auf Urlaub geht. Demzufolge konnten die Probanden so viel schneller einschlafen.
- Übe vor dem Schlafengehen eine Entspannungsmethode, etwa progressive Muskelentspannung nach Jacobson. Videos dazu findest du auf Youtube.

Und wenn du dennoch kein Auge zubekommst, gibt es da eine hervorragende Einrichtung deines Körpers, auf die du vertrauen kannst. Sie heißt Adrenalin. Es wird dich konzentriert durch den Termin am nächsten Tag tragen, auch wenn du schlecht geschlafen hast.

Wenn du noch Zeit für dich hast

Folgende Maßnahmen kannst du ergreifen, wenn du vor dem Termin noch einige Augenblicke allein sein kannst.

- Nimm einen Bleistift quer zwischen die Zähne, so dass die Lippen den Stift nicht berühren. Dein Gehirn wird nach einer Minute mit der Ausschüttung von Endorphinen beginnen und du wirst dich gut fühlen.
- Zähle deine Schritte, während du gehst, und atme dabei ein und wieder aus. Versuche mit der Zeit auf einen Rhythmus von zwei Schritte zum Einatmen und vier zum Ausatmen zu kommen.
- Klopfe dir mit den Fingerspitzen das Schlüsselbein ab.
- Trinke ein Glas warmes stilles (!) Wasser.

Wunderbar beruhigend wirkt es, wenn du deinen Kopf vorne und hinten mit flachen Händen hältst.

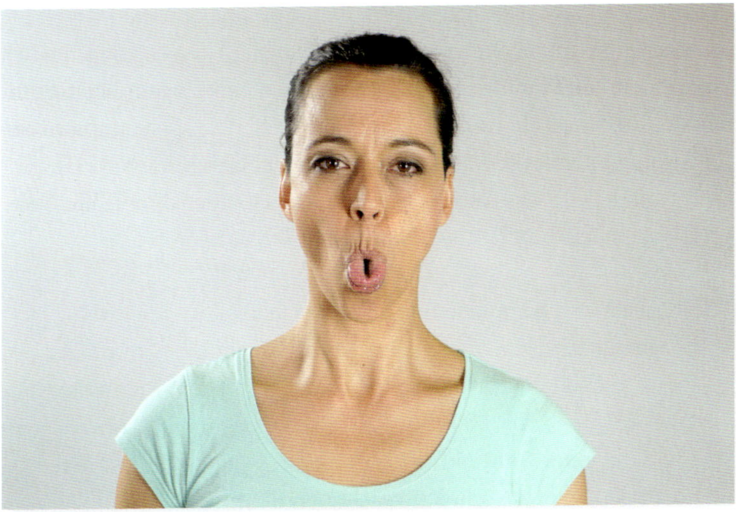

Wenn du durch die Zungenrolle einatmest, kühlst du dich herunter.

- Rolle die Zunge zu einem Röhrchen und strecke sie heraus. Atme durch die Zungenrolle tief in den Bauch ein. Spüre, wie die kalte Luft deinen Körper herunterkühlt. Atme durch die Nase langsam wieder aus. Mache das ein paar Mal.
- Lagere die Nervosität einfach aus: Nimm einen Gegenstand in die Hand, z. B. einen Stift. Projiziere deine Nervosität auf den Stift und schicke alle kribbeligen Gefühle hinein. Dann lege den Stift zur Seite: Damit legst du auch deine Nervosität weg.

Kurz bevor es losgeht

Es ist bald soweit. Stoppe die Gedankenspirale! Lenke dich ab – vorbereitet bist du ja. Morgens, wenn du duschst und merkst, dass du nervös bist, achte darauf, wie das Wasser sich auf der Haut anfühlt, wie der Schluck Kaffee schmeckt. Spüre, wie dein Atem in den Körper hineinströmt und wieder hinaus. Leg deinen Lieblingsduft auf und nimm ihn als olfaktorischen Anker, um dich gut zu fühlen.

Sei vor dem Termin rechtzeitig da, damit du dich auf die Umgebung und die Atmosphäre einstellen kannst. Markiere den Ort quasi, mach ihn zu deinem Territorium. Wir fühlen uns wohl, wenn wir Gegenstände, die uns gehören, an einem Ort sehen. Unsere unbewusste Reaktion ist dann: „Hey, das ist mein Reich, hier bin ich zu Hause." Es vermindert unsere Aufregung. Die Gegenstände können alles sein, was dir gehört: Handtasche, iPad, Jacke, Schal, Laptop usw.

Mit diesen Tipps kann nichts mehr schiefgehen:

- Je vertrauter dir die beteiligten Personen sind, desto ruhiger bist du im Termin. Nimm daher schon vorher mit dem Publikum Kontakt auf.
- Such dir einen „Freund" im Publikum – jemand, der dich anlächelt, öfter mal zustimmend nickt und dir ein gutes Gefühl gibt.
- Erinnere dich an vergangene Erfolge. Stelle dir die vergangene Situation bildhaft vor Augen.
- Zieh deine Schultern hoch, halte sie kurz und lasse sie wieder fallen. Das löst die Muskulatur. Wiederhole es ein paar Mal.

Schultern hochziehen und fallen lassen löst die Muskulatur und somit deine Anspannung.

- Mach dich groß, um dir vor einem wichtigen Termin körperlich Raum zu nehmen. Die Muskulatur streckt sich, dein Körper wird besser durchblutet. Und die offene Körpersprache hat einen positiven Einfluss auf deine Stimmung und Nervosität.
- Lächle, um in gute Stimmung zu kommen. Es genügt schon, wenn du nur so tust, als würdest du lächeln.

Nimm Raum ein, um dich zu pushen: Schon wird sich deine Stimmung verbessern und die Nervosität schwinden.

Dann ist er da, der große Moment. Dein Herz schlägt dir bis zum Hals. Freu dich auf das Publikum! Es schenkt dir seine Zeit, weil es das will! Sobald du spürst, wie die Nervosität in dir hochkriechen will, schalte um und sei stattdessen erfüllt von Freude. Wie geht das? Denke an das Wort „Freude". Sieh die Buchstaben vor deinem inneren Auge, das ruft in deinem Unterbewusstsein gute Gefühle hervor. Entschuldige dich jetzt nicht beim Publikum, sondern sage stattdessen: „Das, worüber ich sprechen möchte, ist mir ganz besonders wichtig."

TIPP

Lass dich nicht von eingefrorenen Gesichtern beunruhigen. Die stillsten Zuschauer sind oft die, die am aufmerksamsten zuhören. Eine Frau sagte nach einem Vortrag zu mir: „Frau de Bark, es tut mir leid, dass ich nie mitgelacht habe. Aber ich wollte einfach nichts von dem verpassen, was Sie gesagt haben."

Letzte Option: die Ohrfeige

Ich hatte ein Körperspracheseminar auf einem offenen Boot am Rhein geplant. Die Wettervorhersage war sonnig. Die Ausweichlocation für Regen war ein kleiner Restaurantraum auf dem Boot. Als ich morgens zum Hafen ging, schüttete es in Strömen. Ich wollte den Raum vorbereiten, aber der war plötzlich voller fremder Gäste – eine klassische Doppelbelegung. Der Regen hatte aufgehört, aber das Boot war nass, die Location gesprengt, und noch 20 Minuten, bis die ersten Teilnehmer eintrafen.

Ich spürte, wie mein Gehirn auf Panik schaltete, meine Pulsfrequenz stieg bedrohlich. Plötzlich wusste ich, was ich tun musste. Ich rief einen sehr lieben Freund an, der selbst Trainer ist: „Du musst mir helfen, ich habe ein Seminar, die Location ist belegt, das Boot ist nass und ich habe noch 18 Minuten. Sag etwas, das mich beruhigt!" Er, ohne zu zögern: „Reiß dich zusammen, es wird dir was einfallen. Sterben ist *keine* Option. Du bist doch nicht doof!"

Diese Ohrfeige hatte gesessen. Ich wusste, was zu tun war. Dann hielt ich mein Seminar eben nicht auf dem Boot, sondern am Ufer. Wir begannen, ich überlegte mir für den Einstieg eine andere Übung als vorgesehen. Nach einer halben Stunde rief der Skipper, das Boot sei trockengelegt und die Seminarfläche mit großen, trockenen Kissen ausgestattet. Fazit: Manchmal braucht es lediglich eine Ohrfeige, um zu sich zu kommen.

So wirst du zum Präsen-Tier

Welche Fragen stellst du dir, wenn du hörst, dass jemand eine Präsentation halten wird?

1. Interessiert mich das Thema überhaupt?
2. Wie lange wird es werden?
3. Wie lange wird es sich anfühlen?
4. Und die wichtigste Frage: Wie viele Folien gibt es?

Zu Frage eins: Gestalte den Teaser für das Thema gut verständlich und aussagekräftig. Der Zuschauer soll wissen, was ihn erwartet.

Zu Frage zwei und drei: Der Idealfall ist, wenn die gefühlte Dauer kürzer ist als die tatsächliche und die Zuhörer am Ende bedauern: „Was, schon vorbei? Das hätte ruhig noch länger gehen können." Biete wertvolle Wissensnuggets, sprich in Bildern und variiere mit deinen Präsentationsmethoden (Powerpoint, Flipchart, Vorlesen, Mitmachübung, Fragen stellen).

Zu Frage vier: Weniger ist hier auf jeden Fall mehr.

Und dann geht es los: Sobald du die Bühne betrittst, wirst du gesehen. Auch wenn du erst noch anmoderiert wirst, liegen doch schon neugierige Blicke auf dir. Bühne heißt Körperspannung. Selbst wenn du am Rande der Bühne stehst, sei dir bewusst, dass du auf dem Präsentierteller bist. Daher: Auch wenn du noch nicht im Mittelpunkt der Aufmerksamkeit bist, nimm trotzdem bereits lächelnd Kontakt zum Publikum auf. Sie werden dich so sympathischer wahrnehmen, als wenn du zusammengesunken und desinteressiert auf deinen Auftritt wartest.

Der gelungene Einstieg

Der erste Moment auf der Bühne ist immer der spannendste. Aller Augen sind auf dich gerichtet, die Aufmerksamkeit ist jetzt am größten. Genieße diesen Moment. Die meisten Redner kommen auf die Bühne und beginnen vor Aufregung bereits zu reden, wenn sie noch im Anmarsch sind. Gib dem Publikum die Gelegenheit, dich wahrzunehmen. Betritt die Bühne und gehe bis zu dem Punkt, an dem alle dich gut sehen können (meist die Mitte der Bühne). Nimm Blickkontakt zum Publikum auf und beginne erst dann deinen ersten Satz.

Kleide dich immer zehn Prozent besser als das Publikum. Es soll ja schließlich sofort jedem klar sein, wer der Referent ist. Das geht auch aus deiner geraden Haltung hervor: Denke immer an den Faden, der aus deinem Scheitelpunkt nach oben zieht und dich aufrecht und präsent wirken lässt.

TIPP

Prüfe mit deinen Auftrittsschuhen vorher die Bühne. Ist sie aus Holz, können Sohlen einen Höllenlärm machen. Hab immer Möbelfilz dabei, den du dir in diesem Fall unter die Schuhsohlen kleben kannst, um das Klackern abzudämpfen.

Dein Publikum fühlt sich dann mitgenommen, wenn jeder einzelne das Gefühl hat, von dir angeblickt zu werden. Ich mache in meinen Seminaren eine Übung, mit der man lernt, Blickkontakt zu allen zu halten: Ein Teilnehmer steht auf der Bühne und erzählt etwas. Die Zuhörer halten eine Hand nach oben. Wenn sie sich vom Redner nicht angeblickt oder vernachlässigt fühlen, lassen sie langsam die Hand sinken. Werden sie wieder angeblickt, geht die Hand wieder nach oben. Das Ziel des Redners ist es, alle so mit dem Blick zu erreichen, dass sie sich durchweg angesprochen fühlen.

Blickst du in einer größeren Zuschauergruppe eine Person an, fühlen sich die Umsitzenden ebenfalls angeblickt – jedenfalls bei Zuhörergrößen von ab 30 Personen, die in enger Bestuhlung sitzen. Du hast bestimmt schon erlebt, dass ein Redner auf jemanden im Publikum zeigt und ihn auf die Bühne bittet, und ein anderer in dessen Nähe steht auf.

TIPP

Möchtest du, dass dir jeder zuhört, wenn du redest? Wische mit deinem Blick nicht wie ein Scheibenwischer hin und her, sondern blicke eine Person so lange an, bis du mindestens einen halben Satz zu Ende gesprochen hast.

Und, ganz wichtig: Lächle. Auf der Bühne zu lächeln, ist für viele tatsächlich schwierig. Sie fürchten, dass das Lächeln nicht echt wirkt. Aber ein Lächeln verzaubert das Publikum. Also bring dich in positive Stimmung, dann kommt das Lächeln von ganz alleine.

TIPP

So wird deine Präsentation emotionaler und lebendiger: Setze dir gedanklich drei Punkte auf dem Boden deiner Bühne, jeden für eine Emotion, die du in deiner Rede haben möchtest: einen für fröhlich, einen für ernst, einen für liebevoll und so weiter. Halte eine kleine Proberede von zwei Minuten zum Ausprobieren, egal worüber. Du betrittst die unterschiedlichen Punkte, wo die Emotion verankert ist, und änderst entsprechend deine Emotion.

Ein Beispiel: „(traurig:) Wir haben letztes Jahr leider nicht die Ziele erreicht, die wir uns gewünscht hatten, ... (ernst:) deswegen müssen wir die Struktur für dieses Jahr ändern ... (motivierend:) Lassen Sie uns in die Hände spucken und gemeinsam an einem Strang ziehen."

Gestikulieren, aber richtig

Redner, die gestikulieren, wirken nachweislich sympathischer als die, die sich eher zurückhaltend bewegen. Das liegt daran, dass wir durch Gesten Zusatzinformationen bekommen, die unser Gehirn dankbar annimmt. Um deine Inhalte bei Gesprächen nachhaltig zu machen, setze beschreibende Gesten ein. Beispielsweise kannst du mit den Händen den Satz „Wir haben große Fortschritte gemacht“ beschreiben, oder nach links und rechts ausholende Gesten machen: „Auf der einen Seite haben wir ..., und auf der anderen ...“

Innerhalb eines Quadrats vor deinem Körper haben deine Hände beim Gestikulieren einen guten Platz. Zu ausladende Bewegungen wirken genauso befremdlich wie zu kleine. Wenn deine Handflächen nach oben zeigen, wirkt das positiv und offen, so als würdest du ein imaginäres Geschenk geben. Übrigens: Die Handfläche nach unten wirkt negativ.

Gesten wirken: Sie unterstützen deine Worte und lassen dich – richtig eingesetzt – sympathischer wirken.

TIPP

Um das Gestikulieren grundsätzlich zu üben, such dir ein Kinderlied heraus, das du auswendig kennst. Beschreibe dazu jedes Wort (bevorzugt Substantive, Adjektive und Verben) mit einer Geste. Oder du lässt deine Freunde ein Lied raten, indem du es ohne Ton und nur mit Gesten vorträgst. Das macht nicht nur Spaß, sondern hilft enorm, mit Gesten sicherer und lockerer zu werden. Schau dir dazu mein Video „Mit Gesten begeistern – Lass deine Hände sprechen" an.

https://yvonnedebark.de/wirke-wie-du-willst/

Gestikulieren hilft auch das Problem „Wohin mit den Händen?“ zu lösen. Viele Redner wirken mit den Händen in der Hosentasche souverän, Hände in engen Jeanstaschen allerdings sehen immer wie die Nacken von Faltenhunden aus. Es gibt Redner, die froh sind, wenn sie ein Handmikrofon, einen Laserpointer oder einen Stift in der Hand halten dürfen. Das gibt ihnen Sicherheit. Der sichere Parkplatz für die Hände ist locker ineinander verschränkt vor dem Gürtel, dann hast du sie bei Bedarf frei zum Gestikulieren. Übe die beste Parkposition deiner Hände vor dem Spiegel oder vor Freunden!

Der sichere Parkplatz für die Hände ist locker ineinander verschränkt vor dem Gürtel.

Lebendig und fesselnd vortragen

Eine lebendige und fesselnde Erzählweise bindet den Zuschauer an das, was du vermitteln willst. Moduliere deine Sprechweise. Betone wichtige Wörter, variiere in Tempo oder Tonhöhe.

TIPP

Unterstreiche dir die wichtigen Wörter im Text und lies ihn dann laut vor. Beispiel: „Ich wünsche dir wirkungsvollen *Erfolg*" oder „Ich wünsche dir *wirkungsvollen* Erfolg". So wird eine langweilige monotone Rede lebendig und unterhaltsam. Schau dir mein Video „So setzt du Akzente beim Sprechen" dazu an, um zu sehen, wie es funktioniert.

https://yvonnedebark.de/wirke-wie-du-willst/

Eine weitere Methode, Akzente beim Sprechen zu setzen, ist die Variation der Lautstärke. Alles, was nicht monoton ist, wirkt lebendig. Mit einem Mikrofon hast du wunderbare Möglichkeiten, mit deiner Stimme zu spielen, denn auch wenn du leise und geheimnisvoll sprichst, hört das Publikum jedes Wort.

Pausen sind wichtig. Gib den Zuhörern Zeit, deinen Ausführungen zu folgen, indem du kurze, sinnvolle Sprechpausen machst. Heruntergeleierte Satzkaskaden strengen deine Zuhörer an und ermüden sie. Die Sprechpause sollte so lange sein, wie du brauchst, um das Wort „Pause" zu denken. Zu schnelles Sprechen an sich ist nicht schlimm, aber schnelles Sprechen ohne Pausen ist es. Es ist ein Irrglaube, dass du mehr Inhalte transportieren kannst, wenn du schneller sprichst. Im Gegenteil: So schnell kann der Zuhörer das Gesagte gar nicht verarbeiten. Das Ergebnis: Er fühlt sich überfordert und schaltet ab.

Wie viele „Ähms“ sind in Ordnung? Genauso viele, dass es den Redefluss nicht stört. In Coachings zähle ich per Strichliste mit. Dann muss der Coachee schätzen, wie viele es waren – meistens schätzt er zu tief. „Ähm“ wird gern eingestreut, wenn der Redner die Stille zwischen zwei Gedanken nicht erträgt. Ich sage jedoch: Stille ist hervorragend für den Zuhörer und wirkt überdies souverän. Stille auf der Bühne oder in einer Präsentation ist wertvoll. Genieße sie!

ÜBUNG

Lies ein paar Sätze in einem Buch laut. Geh zuerst mit der Stimme am Satzende hoch. Du wirst sofort das Bedürfnis haben, die Stille mit einem „Ähm“ zu füllen. Nun lies noch einmal, und geh mit der Stimme am Satzende jeweils nach unten. Das „Ähm“ ist wie weggeblasen. Warum? Wird der Satz am Ende mit einem Absenken der Stimme geschlossen, schafft das in deinem Kopf Platz für einen neuen Gedanken, es muss also keine Brücke innerhalb eines Gedankens geschlagen werden.

Betöre die Zuhörer mit Bildern. Ob du Metaphern (Beispiel: „Wir müssen eine Brücke aus Stein zwischen den Hierarchieebenen bauen“ anstatt „Wir müssen die Interblabla-Kommunikation stärken“) benutzt oder schöne Geschichten erzählst, Bilder prägen sich den Zuhörern besser ein, denn sie rufen Emotionen hervor. Menschen lieben Geschichten. Erinnerst du dich an den Lehrer, der viele Zahlen an die Tafel geschrieben hat, oder an den, der die ganze Klasse mit Geschichten gefesselt hat? Geschichten bleiben im Gedächtnis.

Nimm Zweiflern den Wind aus den Segeln. Wenn du davon ausgehen musst, dass mehr als fünfzig Prozent der Zuhörer einen Einwand gegen deine Botschaft erheben könnten, heble ihn aus, bevor sie selbst es tun. „Ich weiß, Zweifler glauben, das Budget reicht nicht. Ich kann Ihnen aber versichern …“

Beziehe dein Publikum mit ein. Ich bin ein großer Fan davon, das Publikum mit in die Präsentation einzubeziehen. So bleibt es bei der Sache, denkt aktiv mit und hat das Gefühl, wertvoll für den Vortrag zu sein. Wenn du z. B. eine Frage stellst und es sind mehrere Reihen im Publikum, wiederhole das Ergebnis für die vorderen Reihen, die keine Ahnung haben, wer sich hinter ihnen alles gemeldet hat. Beispiel: „Wer hier hat die neue Software schon installiert? Aha, also ungefähr 25 Prozent." Oder stelle rhetorische Fragen, um Denkprozesse zu starten. Beispiel: „Wollen Sie in so einem Team arbeiten?" oder „Würdest du gerne mehr Freizeit haben?"

Lerne Anfang und Ende auswendig. Und zwar so auswendig, dass ich dich um vier Uhr früh anrufen könnte und du sofort loslegst.

Halte unbedingt die verabredete Zeit ein. Zeit ist heutzutage so kostbar, dass niemand etwas davon zu verschenken hat. Du wirst dir viele Freunde machen und in guter Erinnerung bleiben, wenn du eine zeitliche Punktlandung mit deiner Präsentation erreichst. Stelle auf deinem Tablet einen Timer ein, der die Minuten herunterzählt. So musst du nicht erst rechnen, wie viel Zeit dir noch für den Rest der Folien bleibt.

TIPP

Leg dir vorher Etappenziele fest. Bei Minute 20 solltest du bei dieser Folie sein, bei Minute 15 bei dieser usw.

Wenn etwas schiefgeht

Wenn du gut vorbereitet bist, kann eigentlich nur noch wenig schiefgehen, doch manchmal steckt der Teufel im Detail oder die Sache liegt nicht in deiner Hand.

Einmal hatte ich eine Lesung aus einem meiner Bücher, die völlig aus dem Ruder lief. Die Stimmung war wie auf einem Volksfest, die Leute hatten schon gut Wein getrunken. Ich wusste nicht, wie ich damit umgehen sollte. Absagen? Mittrinken? Den Vortrag kürzen? Einfach ins kalte Wasser springen und sehen, was passiert? Unser Reptiliengehirn ist ja für solche Fälle ganz gut programmiert. Das schaltet nämlich auf Überlebensmodus, wenn wir ins kalte Wasser geworfen werden. Einen Kunstschwimmerpreis gewinnen wir damit zwar nicht, aber wir schaffen es, uns über Wasser zu halten.

Als nun die Moderatorin auf die Bühne ging, um mich anzukündigen, stand ich unter Hochspannung. Lustlos verkündete sie meinen Namen; ich betrat die Bühne und stand vor den johlenden Zuschauern. „Was zum Geier mache ich hier? Es hört mir doch sowieso keiner zu“, schoss mir durch den Kopf. Ich eierte die ersten Sätze runter. Da kam schon der erste Lacher an der falschen Stelle aus dem Publikum. Aber ich ließ mich nicht beirren und paddelte mich stoisch und routiniert bis zum rettenden Beckenrand.

Als ich den Schlusssatz gesprochen hatte, herrschte ergriffene Ruhe, dann setzte der Applaus ein. Einige der noch nüchternen Besucher kamen auf mich zu und klopften mir auf die Schulter, wie toll, dynamisch und erfrischend die Lesung gewesen sei. Sie hatten mir nichts angemerkt.

Hier ein paar Strategien, wie du mit unvorhergesehenen Querschüssen klarkommst.

Blackout: Versuche nicht, ihn zu vertuschen, sondern frage das Publikum, wo du stehengeblieben bist oder kehre an den letzten Punkt zurück, an den du dich erinnerst.

Wenn jemand aufsteht und geht: Lass dich nicht irritieren. Du wirst nicht rausfinden, warum jemand geht. Meistens hat er einen triftigen Grund, der rein gar nichts mit deinem Vortrag zu tun hat.

Powerpoint versagt: Habe immer Plan B in der Tasche. Immer!

TIPP

Überfrachte deine Powerpoint-Folien nicht. Sie sollen deinen Vortrag unterstützen und nicht du die Folien.

Ich arbeite ausschließlich mit Flipcharts und hier und da mal einem illustrierenden Video. Wie so oft gilt auch hier: Weniger ist mehr.

Der Vorredner hat schon einen Teil deiner Rede gehalten: Sag nicht: „Ich weiß jetzt gar nicht, was ich noch hinzufügen soll“, sondern: „Ich freue mich, jetzt die Gelegenheit zu bekommen, endlich Stellung zu Blabla nehmen zu können.“

No-Gos

Viele Dinge liegen nicht in deiner Hand, einiges kannst du jedoch durchaus selbst steuern oder vermeiden. Hier folgen noch einige Tipps, mit denen du dir und deinen Zuschauern das Leben leichter machst.

Sag niemals, dass du etwas vergessen hast und jetzt nicht mehr dazu kommst, es noch auszuführen. Keiner, aber auch keiner der Zuschauer hat eine Ahnung davon, was dein Programm beinhaltet. Sollte beispielsweise ein sorgsam vorbereitetes Modul der Zeit zum Opfer fallen, lass es weg. Niemand wird sagen: „Aber da fehlt doch was." Falls doch, dann sage: „Ich habe die für mich wichtigen Punkte in den zeitlichen Rahmen ausgeführt. Für mehr Details stehe ich natürlich in der Pause gerne noch zur Verfügung."

Verzichte auf zu viel Fachjargon. Die größten Redner zeichnen sich dadurch aus, dass sie ein komplexes Thema so aufbereiten, dass es auch ein vierjähriges Kind versteht.

Vermeide Substantive oder substantivierte Verben. Das Gehirn reagiert aktiver auf Verben. Beispiel: Statt „Die Erreichung des Zieles steht kurz bevor" sage „Wir haben das Ziel fast erreicht."

Du wirkst nicht besonders kompetent, wenn du Konjunktive („könnte, müsste, würde"), Weichmacher („eigentlich, eventuell, irgendwie") und Füllwörter („sozusagen, ich sag mal so") benutzt. Sei klar in deinen Aussagen!

Unterschätze nie dein Publikum

Die Regel ist: Es gibt immer zwei Prozent, die alles besser wissen oder nicht mit dem einverstanden sind, was du sagst. Hast du es eher mit Strategen zu tun, liefere ihnen Zahlen, Daten, Fakten und habe alle Quellen zum Nachweis in der Hinterhand. Sprichst du vor einer Vielzahl sicherheitsorientierter und emotionaler Zuhörer, gib liebevolle Anerkennung für Meldungen und stelle Zusammengehörigkeit in den Vordergrund.

Für alle Situationen gilt: Bediene dein Publikum mit Ergebnissen und daraus resultierenden Handlungsansätzen, damit alle etwas Konkretes und Positives haben, wenn sie nach Hause gehen.

DIE STIMME, DEIN INSTRUMENT

Du bist perfekt auf deinen Termin vorbereitet, bist die Ruhe selbst und freust dich seit Wochen auf diesen Termin. Als es losgeht, strahlst du, hast eine offene Körpersprache und lächelst umwerfend. Du sprichst und sprichst, aber schon nach kurzer Zeit rutschen die Zuhörer auf ihren Stühlen herum, schauen auf die Uhr und, noch schlimmer, einige zücken ihr Smartphone. Du hast nämlich etwas vergessen: deine Stimme. Eine monotone Sprechweise, Nuscheln oder dauerndes Zu-leise-Sprechen sind Gift für die Aufmerksamkeit deiner Zuhörer. Wie du an deiner Stimme arbeitest, erfährst du im Folgenden.

„Der richtige Ton berührt an der richtigen Stelle."

Lockerungsübungen für die Stimme

Vor wichtigen Terminen, Video- oder Podcast-Aufnahmen mache ich immer einige Übungen, damit meine Stimme sitzt, voll klingt und die Aussprache präsent und klar ist. Fangen wir aber noch vor dem Sprechen an, nämlich mit der Luft an sich: Bevor du übst, die Stimme richtig einzusetzen, ist es wichtig, dass du richtig atmest.

ÜBUNG

1. Leg dich bequem auf den Rücken und lege deine Hände flach auf den Bauch. Dann atmest du tief ein und drückst dabei deinen Bauch nach außen, so dass deine Hände sich heben. Du merkst, wie viel mehr Luft du einatmen kannst, wenn du „in den Bauch" atmest. Atme ein paar Mal langsam ein und aus. Ein überraschender, aber wirkungsvoller Trick, wie du den Atem tiefer in den Bauch bekommst, ist übrigens, die Finger zu spreizen, während du einatmest.

2. Bleibe am Boden und bilde ein Päckchen, indem du die Knie unter den Bauch ziehst. Jetzt atme wieder in den Bauch und beobachte, wie sich dein Atem sogar in die Flanken deines Rückens ausbreitet.

   Von nun an atme bitte nur noch in den Bauch und in die Flanken deines Rückens. Du wirst eine kräftigere und klangvollere Stimme bekommen.

https://yvonnedebark.de/wirke-wie-du-willst/

Ich stelle dir jetzt mein Aufwärmprogramm für eine gutsitzende und klangvolle Stimme vor. Du musst nicht immer alle Übungen machen, sondern suche dir einfach die heraus, die dir am besten gefallen. Wichtig ist, dass du deinen Körper lockerst, dein Zwerchfell aufweckst, deinen Mundraum aktivierst und deine Stimmbänder in Schwung bringst.

Möchtest du eine satt klingende Stimme haben? Streck dich nach allen Richtungen und gähne genüsslich und mit einem langen Ton dabei. Die Stimmbänder werden damit sanft aufgeweckt und bereit für den Tag gemacht. Dann geht es mit ein paar Körperübungen los:

- Kreise den Kopf sanft über das Brustbein von rechts nach links und wieder zurück.
- Lass die Schultern nach vorne und nach hinten kreisen, dann die Arme, erst abwechselnd, dann gemeinsam.
- Schüttle Arme und Oberkörper aus.
- Dehne den Oberkörper seitlich, indem du die Arme über den Kopf streckst und dich langsam nach rechts und nach links lehnst.
- Hebe die Arme über den Kopf, dann lasse sie mit dem ganzen Oberkörper nach unten fallen und gleichzeitig die Atemluft mit einem Seufzer ausströmen.

Jetzt folgen einige (Ein-)Stimmübungen:

- Schüttle deine Schultern und töne „uuuuu“.
- Summe mit geschlossenem Mund. Beschreibe dabei mit deiner Stimmhöhe Wellenlinien mal nach oben und mal nach unten. Danach töne die Wellenlinien mit einem stimmhaften „s“.
- Mach Kaubewegungen und sprich dabei „mnjom... mnjum... mnjam... mnjem... mnjim... mnjöm... mnjüm... mnjäm... mnoim... mnjeim... mnaum“. Es genügt, wenn du bei jedem dritten Kauen eine Silbe sagst.
- Wecke deinen Mundraum auf, indem du mit der Zunge an deinen Zähnen entlanggleitest und jeden Zahn aufmerksam betastest.

- Jetzt wird es lecker: Nimm ein Gummibärchen in den Mund und lutsche es. Damit sensibilisierst du deine Zunge.
- Kennst du das Zungenschnalzen, wenn man ein Pferd anspornt? Damit kannst du ein bisschen Schwung in die Zunge bringen. Lass sie mal vorne und mal hinten schnalzen.
- Wecke deine Lippen auf und bring Spannung hinein. Mache ein „Motorgeräusch", indem du ein „b" auf den Lippen stimmhaft vibrieren lässt.
- Wecke deine Zunge auf und bringe Spannung hinein, indem du ein gerolltes „r" sprichst und in unterschiedlichen Tonhöhen ausprobierst. Das gerollte „r" kannst du produzieren, indem du ganz schnell hintereinander „d" sagst und es zum „r" übergehen lässt.
- Wecke den hinteren Bereich des Rachens auf, indem du ganz vorsichtig ein Rachen-„r" ertönen lässt und auf einem Ton hältst. Variiere dann auch hier die Tonhöhe.
- Halte deine Daumenkuppe sanft zwischen den Schneidezähnen fest und lies laut und deutlich.
- Stülpe die Lippen über die Zähne und lies laut.
- Lies laut und betone die Konsonanten überdeutlich. Bewege dabei Lippen und Unterkiefer übertrieben.

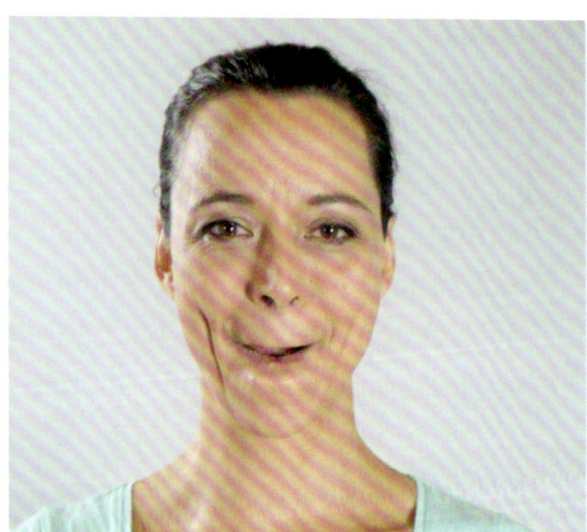

Deine Aussprache wird deutlicher, wenn du die Lippen über die Zähne stülpst und laut liest.

ÜBUNG

Ich gehe nie auf die Bühne, vor die Kamera oder vor ein Mikrofon, ohne meine absolute Lieblingsübung gemacht zu haben. Möchtest du die Stimme weiter nach vorn in den Mundraum bringen? Das hat den positiven Effekt, dass du von deinem Gegenüber sehr klar und deutlich verstanden wirst. Ganz einfach: Streck die Zunge raus!

Strecke sie ganz weit aus dem Mund. Dann liest du ein paar Zeilen laut oder sprichst irgendetwas. Egal, was. Achte dabei darauf, dass du jeden Vokal und jeden Konsonanten so präzise artikulierst, dass man ihn versteht. Sprich dabei extrem langsam und konzentriere dich auf jeden Buchstaben. Du wirst merken, dass deine Aussprache danach sehr viel deutlicher und klarer ist als vorher.

TIPP

Möchtest du klar und deutlich sprechen? Bewege deine Lippen, wenn du sprichst. Dadurch wird deine Aussprache deutlicher, und du wirst als kompetenter wahrgenommen. Hier findest du Videos zu Zungenbrechern („So wirst du zum Silbenjongleur") und zum Vermeiden von Nuscheln („Ab jetzt versteht dich jeder").

https://yvonnedebark.de/wirke-wie-du-willst/

Erste Hilfe bei Heiserkeit

Heiserkeit kennen wir alle. Du bringst nur noch ein Krächzen hervor, deine Stimme ist rau und tut weh. Generell gilt, egal ob du einen wichtigen Termin hast oder nicht: Sollte die Heiserkeit länger als zwei bis drei Tage andauern, geh bitte zum Arzt. Die Stimmbänder sind ein empfindliches Organ!

Es gibt unzählige Methoden und noch viel mehr Hausmittel, wie man Heiserkeit in den Griff bekommt. Ich beschränke mich hier auf diejenigen, die mir immer helfen.

- Die folgende Übung wurde von der finnischen Logopädin und Stimmtherapeutin Marketta Sihvo im Rahmen ihrer LAX VOX®-Methode (lateinisch *laxus*: frei, locker, *vox*: Stimme) entwickelt. Mit ihr bekommst du innerhalb von zwei bis drei Minuten eine sattere und sauberere Stimme. Du brauchst dazu nichts weiter als ein kurzes Schlauchstück, das in einer Flasche steckt, die mit ein wenig Wasser gefüllt ist. Nun töne stimmhaft durch den Schlauch in die Flasche, während er im Wasser steckt. Wie das geht, siehst du in meinem Video „Heiserkeit – Stimme zurück“:

  https://yvonnedebark.de/wirke-wie-du-willst/

- Ich trinke viel Tee. Wenn meine Stimme angeschlagen ist, hilft viel Tee. Die Wärme tut den Stimmbändern gut. Salbeitee wirkt entzündungshemmend, deswegen ist er der Tee meiner Wahl, aber probiere auch andere Sorten, z. B. Malventee.
- Inhalieren von Salzwasser tut der Stimme wohl. Allerdings hilft es nur richtig gut bei Heiserkeit aufgrund von Erkältung. Hier wirkt es antibakteriell und hilft, die Erreger in den Griff zu bekommen.
- Als Geheimmittel unter Schauspielern, Sängern und Speakern gelten GeloRevoice® Halstabletten aus der Apotheke. Wenn die Tabletten im Mund zergehen, legt sich ein Schutzfilm auf die Schleimhäute, so dass sie sich in Ruhe regenerieren können.

Ich persönlich nehme es nur im Notfall, weil ich das Gefühl des Schutzfilms gewöhnungsbedürftig finde.

- Halte deinen Rachen immer feucht. Lutsche Salbeibonbons oder nimm einen Schluck Tee oder Wasser in den Mund und lasse ihn im Mundraum, solange du kannst. Achtung bei Eukalyptus- oder Minzbonbons: Sie wirken zu scharf auf die empfindlichen Stimmlippen.
- Halte deinen Hals mit einem Schal warm.
- Vermeide Flüstern, denn es strapaziert die Stimmbänder nur umso mehr, ebenso wie Räuspern. Versuche lieber, sanft abzuhusten.
- Der letzte, aber effektivste Tipp ist am schwierigsten durchzuhalten: Sprich nicht. Kein einziges Wort. Bis es nicht mehr anders geht.

AUF FOTOS GUT AUSSEHEN

Instagram lebt von Fotos, aber auch Facebook hat seinen Algorithmus darauf programmiert, Postings mit Bildern besser zu verbreiten als nur Text. Möchtest du also gesehen werden, kannst du das über Fotos am besten erreichen. Und weil Fotos von dir selbst aus dem Netz nur sehr schwer wieder dort herauszubekommen sind, solltest du nichts falsch machen.

„Zeige nicht, wer du sein willst, zeige, wer du bist."

Bitte recht freundlich!

Wenn du bestimmte Dinge im Blick behältst, ist es nicht allzu schwer, gute Bilder von dir zu machen. Im Folgenden erfährst du, worauf du beim Fotografieren achten solltest. Ach, und das Wichtigste, bevor du loslegst: Putz die Linse, sonst werden die schönsten Fotos unbrauchbar, weil sie im Weichzeichner-Nirvana landen.

Der günstigste Winkel

Es gibt Winkel, die eine ungünstige Wirkung auf das Ergebnis haben, und Winkel, mit denen du dich ein bisschen schlanker oder größer schummeln kannst. Generell gilt: Die Kamera auf Augenhöhe zu haben, hat den natürlichsten Effekt.

Ein Kamerawinkel von oben ist nur für Selfies günstig. Die Falten fallen nach hinten, und die Augen wirken automatisch größer. Wenn du keinen Top-Fotografen hinter der Kamera stehen hast (aber selbst dann sollte man lieber zweimal überlegen), lass dich niemals von unten fotografieren. Es ist der unvorteilhafteste Winkel überhaupt für ein Foto: Der Körper wirkt im Vergleich zum Kopf überproportional groß und zaubert dir einige Kilo mehr auf die Hüften.

Ob es nun nur das Gesicht oder der ganze Körper ist: Ganz gerade von vorne aufgenommen wirkt sehr straight, schmeichelt aber nicht jeder Gesichtskontur. Probier es für dein Gesicht aus. Bei Ganzkörperaufnahmen kannst du dich leicht seitlich stellen, eine Hand an der Taille, und die Hüfte ein wenig einknicken. Ich mache das auch, um ein paar Pfunde zu kaschieren.

Bei Handykameras solltest du übrigens darauf achten, dass du nicht zu nah ans Gesicht herangehst. Die Linse in Smartphones ist weitwinklig, deshalb verzerren sich bei nahen Objekten die Proportionen.

Auf Fotos kannst du Pfunde leicht kaschieren, indem du dich so hinstellst.

Blick und Kopfhaltung

Atme vorher ein paar Mal durch den Mund ein und aus. Dadurch entspannen sich dein Gesicht und dein Blick.

Wenn wir den Kopf neigen, wirken wir lieb, vor allem, wenn das mit einem Lächeln kombiniert wird. Willst du strenger wirken oder eine klare Botschaft vermitteln, halte den Kopf gerade.

Achte darauf, wem du auf Fotos deinen Kopf zuneigst. Der, dem du dich zuneigst, bei dem du also näher dran bist, ist für den Betrachter unbewusst die Person, der du näherstehst. Politikern und Führungskräften rate ich, sich auf Fotos nie in eine bestimmte Richtung zu neigen. Eine gerade Kopfhaltung vermittelt Stabilität und Selbstbewusstsein. Wenn du ein Foto mit einem Promi ergatterst, lehne dich nur an ihn ran, wenn du anhänglich wirken willst. Die meisten Promis lassen den Kopf nämlich gerade und lehnen sich auch nicht an dich.

Lass dich leicht von oben fotografieren. Mach den Hals lang und schieb das Kinn leicht nach vorne. Hier hilft dir wieder die Fadenübung (siehe Seite 77). Der Nacken wird lang und somit auch der Hals, dein Doppelkinn verschwindet. Versuche nicht, das Kinn besonders hoch zu halten, das wirkt nur arrogant.

Schließ die Augen und öffne sie, kurz bevor die Kamera ausgelöst wird. Das verhindert, dass du blinzelst oder der Blick zu starr wirkt. Warum? In dem Moment, in dem wir die Augen öffnen, nehmen wir neue Informationen auf, und das bringt eine schöne Lebendigkeit und Frische in den Blick.

Das strahlende Lächeln

Hier gibt es ebenfalls einen kleinen Trick, falls du dein Lächeln auf Fotos einfach zum Gruseln findest. Meistens gefriert das Lächeln nach wenigen Sekunden schon so, dass wir uns lächerlich vorkommen. Hier kommt die Rettung: Drück deine Zungenspitze innen hinter die Schneidezähne. Die Wangen spannen sich an und die typischen Lachfältchen um die Augen entstehen, die charakteristisch für ein echtes Lächeln sind. Und vielleicht findest du das Gefühl ja so lustig, dass du tatsächlich richtig lachen musst.

Körperspannung

Körperspannung wirkt attraktiv. Sie macht dich lebendig und kontrolliert und lässt dich angenehmer auf den Betrachter wirken. Such dir Posen aus, bei denen du z. B. einen geraden Rücken hast.

Lebendigkeit

Dreh dich mit dem Rücken zum Fotografen, und wenn er „Jetzt!" sagt, drehst du dich mit dem Kopf zuerst zu ihm. Die Bewegung lockert dich, und dein Lächeln wirkt frisch und lebendig.

Diese Bewegung lockert dich, und dein Lächeln wirkt frisch und lebendig.

Vorschläge für Posen:

- Ich mag den seitlichen Blick über die Schulter. Das wirkt kokett und macht eine schöne Silhouette.
- Männer dürfen gerne den Bauch einziehen und die Schultern zurücknehmen. Das wirkt maskulin.
- Frauen können die Beine überkreuzen, das verschlankt die Silhouette.
- Die Hände sollten sichtbar sein. Also nur die Daumen lässig in die Hosentaschen stecken und die Hände locker hängen lassen

Arme und Beine

Es sieht vollständiger aus, wenn der Betrachter alle Extremitäten sieht. Ein hinter dem Körper verstecktes Bein oder Arm kann für Irritation sorgen.

Im Sprung

Sprungfotos kannst du grandios in Szene setzen, wenn du die Kamera ganz nah am Boden hältst und nach oben fotografierst. Da werden aus zehn Zentimetern Sprunghöhe schnell mal eineinhalb Meter.

Der richtige Hintergrund

Die meisten schönen Fotos haben viel Unschärfe im Hintergrund. Versuche daher einen Hintergrund zu wählen, der hinter dir viel Weite bietet. Vor lauter Begeisterung über das zu fotografierende Objekt vergisst man manchmal, auf den Hintergrund zu achten. Da wächst dann gerne mal eine Laterne aus dem Kopf, ein Lampenfuß oder gar eine Zimmerpalme. Das kann mitunter irritierend auf den Betrachter wirken

Vor lauter Begeisterung über das zu fotografierende Objekt vergisst man manchmal, auf den Hintergrund zu achten ...

... versuche daher, einen Hintergrund zu wählen, der viel Weite bietet.

Stop, move, click

Der Rhythmus zwischen Auslöser und neuer Pose ist der beste Weg zum perfekten Foto. Zwischen Model und Fotograf entsteht so etwas wie ein Tanz: Klick, neue Pose, Klick, neue Pose. So kannst du es auch mit deinen Freunden machen. Stell dir vor, du bist ein Model, und ihr werdet richtig Spaß haben. Das Beste ist: So entstehen die schönsten und lockersten und vor allem ausdruckstärksten Fotos.

Wenn du dich selbst fotografierst, mach einfach drauf los. Denk nicht zu viel nach. Aber: Es gibt viele, die das Handy so lange halten, bis sie das perfekte Foto zu haben glauben. Dann scrollen sie zurück und stellen fest, dass es doch eines der ersten war. Je länger wir die Pose halten, desto verkrampfter wirkt der Körper.

Die Hand am Gesicht

Die Hand auf einem Foto im Gesicht oder am Gesicht zu haben, kann von der Wirkung her nach hinten losgehen. Es gibt ein tolles Porträt von Steve Jobs mit der Hand am Kinn. Genauer gesagt, hatte er nur die Finger ganz leicht am Kinn.

Generell finde ich es positiv, Hände zu sehen. Bei Profilfotos von Männern in Dating-Portalen schneiden die, bei denen man die Hände sehen kann, besser ab als die ohne Hände im Bild. Beachte dabei: Du solltest mit den Händen kein „Mäuerchen bilden“ und nicht die Haut quetschen, sondern die Hand nur leicht auflegen. Das fühlt sich vielleicht komisch an, aber du vermeidest so unschönes Faltenschieben.

Vermeide ungünstige Handpositionen am Gesicht ...

... sondern lege die Hand nur leicht auf.

Das passende Licht

In den meisten Räumen ist das Licht an der Decke. Das gibt ungünstige Schatten, die kleine Erhebungen oder Falten an Gesicht und Körper ungewollt hervorheben können. Deshalb rate ich dir, darauf zu achten, dass das Licht von vorne oder zumindest von der Seite kommt. Auf keinen Fall solltest du dich direkt unter eine Deckenlampe stellen. Hast du nur diese als Lichtquelle, entscheide dich lieber für das Fenster.

Geh davon aus, dass das Licht genau den Teil des Körpers in den Fokus setzt, der bestrahlt wird. Ein Licht von der Seite auf die Wange kann die Wange dicker erscheinen lassen, als sie ist.

Deine Augen sind das, was den Betrachter sofort in seinen Bann zieht. Achte darauf, dass du ein Licht hast, das einen weißen Lichtpunkt in deinem Auge schimmern lässt. Probier doch mal eine Schreibtischlampe.

Lange Beine

Bedenke, dass die Objekte, die näher an der Kamera sind, auch größer erscheinen. Da kann ein Bein schon mal ein bisschen stämmiger wirken, als es in Wirklichkeit ist. Versuche also, alle Extremitäten auf einer Ebene parallel zur Kamera zu haben.

Das richtige Make-up

Für die meisten Frauen ist Puder ohnehin ein fester Bestandteil ihrer Ausrüstung. Das ist auch gut so. Es gibt zwar immer wieder Trends, bei denen Nasenglanz oder Stirnglitzern ganz besonders gewünscht ist, weil es angeblich so natürlich wirkt. Das mag zwar natürlich wirken, aber die Aufmerksamkeit wird von den Augen ablenkt.

Ein Concealer ist ein besonderes Make-up, das Augenringe überdeckt. Es ist ein wenig heller als das Make-up für das Gesicht. Müde Augen verschwinden da ganz schnell. Es gibt allerdings eine viel bessere Möglichkeit, die Augen strahlen zu lassen und Augenringe verschwinden zu lassen, wo kann kein Make-up mithalten kann: ein strahlendes Lächeln.

Die Frisur

Solltest du lange Haare haben, darfst du sie auch zeigen. Nimm sie nach vorn, anstatt sie nach hinten zu verstecken. Frauen mit langen Haaren haben den Vorteil, damit ihre Wirkung variieren zu können. Die Haare nach vorne genommen umrahmt das Gesicht und wirkt weiblich, weil lange Haare ein Signal für Jugendlichkeit sind. Ob du eine oder beide Seiten nach vorne bringst, ist dir überlassen. Eine Seite nach hinten genommen entblößt den Hals und wirkt sexy und vertrauensvoll, weil so die verletzliche Halsseite präsentiert wird. Die langen Haare nach hinten genommen lässt den Körper länger bzw. größer wirken.

Du wirkst offener, wenn du deine Haare aus dem Gesicht nimmst.

Die Lippen

Trockene Lippen wirken fahler und ungesünder als glänzende. Lecke dir vor jedem Foto kurz über die Lippen. Rote Lippen bei Frauen wirken attraktiv. Wenn du keinen Lippenstift benutzt, presse deine Lippen kurz zusammen oder beiß leicht mit den Zähnen darauf. So werden sie durchblutet, und du bekommst eine schöne Farbe.

Damit geschlossene Lippen auf Fotos voller wirken, gibt es einen einfachen Trick. Lass die Zähne auseinander und öffne den Unterkiefer ein wenig.

Deine Schokoladenseite

Welches deine Schokoladenseite ist, weißt du wahrscheinlich. Das ist die Seite, von der her aufgenommen du dich auf Fotos schöner findest. Ich habe eine Seite, die weicher wirkt und eine, die härter wirkt. Auf Social-Media-Fotos bevorzuge ich deshalb die weiche Seite. Für Businessfotos darf es dann – je nach gewünschter Wirkung – auch mal die härtere sein.

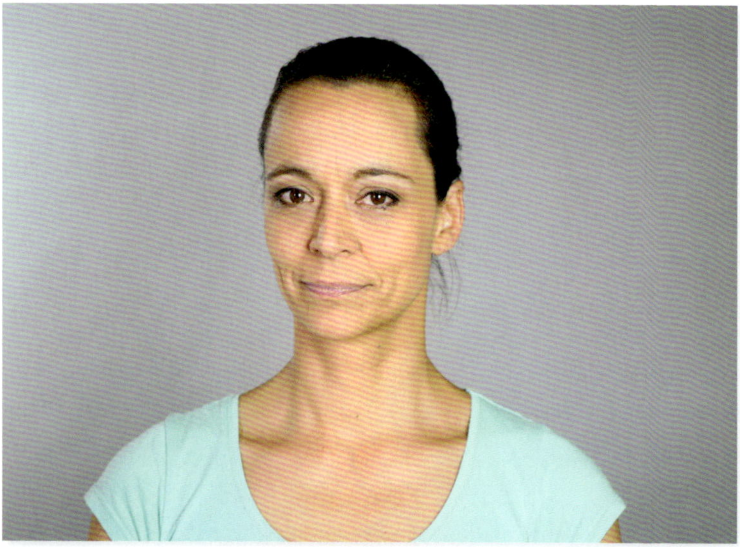

Jeder Mensch hat eine eher weichere ...

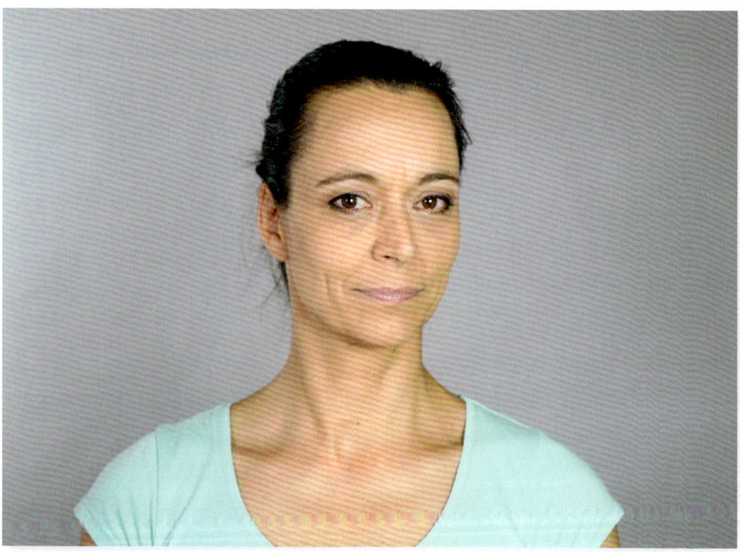

... und eine eher härtere Gesichtsseite.

Gruppenfotos

Sprich bei Gruppenfotos die Kleidung mit den anderen Personen ab. Zwei identische Blusenfarben auf einem Foto wirken ungewollt komisch. Im Zweifelsfall hab bei abgesprochenen Gruppenfotos immer ein Zweitoutfit in der Tasche. Solltest du dennoch die gleiche Farbe wie jemand anderes tragen, spiele mit der Wirkung. Stellt ihr euch zusammen, wirkt ihr wie ein Team, bei dem niemand dazwischenkommt. Umrahmt ihr die anderen, kann das wirken, als würdet ihr die Gruppe flankieren und zusammenhalten.

Mach dich unvergesslich

Dieser Tipp gilt für Fotos, die eine Namensnennung der darauf abgebildeten Personen beinhalten. Möchtest du zuerst unter dem Bild genannt werden, stell dich am weitesten rechts in die Reihe. Somit bist du die Person, die auf dem Bild links ist, und wirst in der gängigen Reihenfolge „v.l.n.r.", „von links nach rechts", als Erste genannt. Ich rate das meinen Politikern im Wahlkampf, wenn sie beim Betrachter in Erinnerung bleiben wollen. Unser Gehirn merkt sich nämlich immer das, was es als Erstes sieht.

2648
3:2
20M
FINE
1080
OFF
AF-S
ON
ON
SCN
1/160
F4.0
ISO AUTO

VOR DER KAMERA GLÄNZEN

Die Worte „Kamera läuft" sind für viele ein Signal, das sie zu Salzsäulen erstarren lässt. Ein Objektiv auf einen Menschen gerichtet scheint eine hypnotisierende Wirkung zu haben. Plötzlich sind wir nicht mehr die Person, die wir eigentlich sein wollten. Dafür gibt es eine Erklärung. Das Wissen darum, dass es sich bei einer Kamera um ein Medium handelt, durch das wir von Hunderten oder gar Tausenden Augen gesehen und damit auch beurteilt werden könnten, ist uns nur zu gut bewusst. Wie du diesen Fallstricken entgehst, erfährst du in diesem Kapitel.

„Ein Bild sagt mehr als tausend Worte, aber viele Bilder sagen die Wahrheit."

Film ab!

Ein Interview oder eine kleine Schauspieleinlage, die mit der Kamera festgehalten wird, ist zwar ungewohnt, aber noch irgendwie zu bewältigen. Die schwierigste Situation ist definitiv die, bei der wir ohne menschliches Feedback in die Kamera sprechen müssen, z. B. bei Erklärvideos. Dabei redet man mit einem Objektiv und muss so tun, als spräche man mit genau der Person, die man erreichen möchte und die man begeistern oder zumindest nicht langweilen möchte.

Ich habe dir hier die wichtigsten Tipps zusammengefasst, wie du vor der Kamera so wirken kannst, wie du wirken möchtest. Nutze hierbei auch die Tipps in den Kapiteln „Präsentationen gekonnt meistern" und „Die Stimme, dein Instrument".

Den richtigen Bildausschnitt wählen

Je näher der Zuschauer dein Gesicht sieht, desto intensiver wirkt deine Mimik. Üblich ist die sogenannte Halbnahe, bei der du bis unterhalb der Brust zu sehen bist.

Wenn du viel gestikulierst, bietet es sich an, den Bildausschnitt ein wenig größer zu wählen. Du wirkst lebendig und vertrauenswürdig, weil der Betrachter deine Hände sehen kann. Wähle den Bildausschnitt deshalb so, dass der Betrachter die Gesten gut sehen kann, am besten auf Gürtellinie, denn abgeschnittene Hände wirken nicht besonders vorteilhaft. Wenn du die Möglichkeit hast, lasse zwei Kameras gleichzeitig mit unterschiedlichen Bildausschnitten laufen. Dann kannst du bei intensiveren und emotionaleren Botschaften auf die nähere zurückgreifen.

Frage den Kameramann, wie groß der Bildausschnitt ist. Dann weißt du, wie groß deine Gesten und (Kopf-)Bewegungen sein dürfen.

Die Halbnahe zeigt die Person bis unterhalb der Brust.

Nach oben Luft lassen: mindestens eine Hand Abstand zwischen Kopf und Bildrand.

Die Kopfhaltung

Wenn die Kamera läuft, nehmen plötzlich viele das Kinn höher als in einer normalen Konversation ohne Kamera. Denke unbedingt an den Faden, der deine Haltung aufrichtet und deinen Nacken lang macht. Halte den Kopf gerade und nicht schräg: Eine schräge Kopfhaltung wirkt zwar kommunikativ, aber unterwürfig.

Das richtige Getränk

Langes Reden oder Nervosität können den Mund trocken machen. Die schmatzenden Geräusche beim Sprechen, die durch einen trockenen Mund entstehen, werden durch das Mikrofon verstärkt. Selbst wenn du kein Ansteckmikrofon oder ein anderes externes Mikrofon mitlaufen hast, das besonders nah an deinem Mund ist, sondern nur das eingebaute der Kamera, solltest du ein Glas stilles Wasser neben dir stehen haben. Verzichte auf Getränke mit Kohlensäure. Die versuchen sich nämlich nach kurzer Zeit lauthals bemerkbar zu machen.

Die Kleidung

Solltest du nicht alleine vor der Kamera stehen, sprich dich mit den anderen ab, was das Outfit angeht. Es gibt nun mal Farben, die sich beißen. Pink und Orange gemeinsam sehen seltsam aus. Braun und Braun wirkt furchtbar. Weiß und Schwarz ist schwierig zum Ausleuchten.

Verzichte auf zu wilde oder zu große Muster, das lenkt vom Gesicht ab. Zu kleine Muster können in der Kamera flimmern. Dieser sogenannte Moiré-Effekt entsteht, wenn sich die Pixelstruktur der Kamera und die Textilstruktur der Kleidung überlagern. Vermeide deshalb zu kleine Muster auf deinem Hemd oder deiner Bluse.

Trage kein zu tief ausgeschnittenes Dekolleté und keine große, auffällige Halskette, das lenkt vom Gesicht ab. Wuchtige Halsketten können außerdem bei Ansteckmikrofonen Schwierigkeiten für den Ton verursachen. Wuchtige Ketten am Handgelenk sind dann ungünstig, wenn die Aufnahme am Tisch stattfindet und der Schmuck laute Geräusche auf der Tischplatte verursacht.

Die Frisur

Frauen vor der Kamera haben mit größeren Problemen zu kämpfen als Männer. Vorwitzige Strähnen hüpfen plötzlich während des Sprechens ins Gesicht. Die Frisur fällt nicht so, wie sie nach dem zweistündigen Behandlungsprogramm gedacht war. Ein Tipp von mir, die ich lange Haare habe: Will ich auf eine offene Frisur nicht verzichten, achte ich darauf, dass die Seite, auf der die Haare ins Gesicht fallen und einen Teil davon verdecken, die kameraabgewandte Seite ist: Es sollte immer die Seite zur Kamera zeigen, die am meisten vom Gesicht freigibt. Je mehr der Zuschauer von deinem Gesicht sieht, desto vertrauenswürdiger wirkst du.

Wenn du dich für eine offene Frisur entschieden hast, zeige dein Haar auch, indem du eine oder beide Seiten über der Schulter nach vorne trägst.

Eine geschlossene Frisur wirkt streng, aber auch seriös. Ein wichtiger Vorteil: Du hast nicht ständig das Gefühl, dir in die Haare fassen zu müssen. Einmal frisiert, sitzen die Haare.

Teile dem Kameramann vor dem Einleuchten mit, wenn du eine Schokoladenseite hast. So kann er sich rechtzeitig darauf einstellen.

Das geeignete Make-up

Für Männer wie Frauen gilt: Ein wenig Puder schadet nicht. Ob du als Frau stark geschminkt bist, bleibt deinem Geschmack und der Darstellung deiner Rolle überlassen. Aber eine glänzende Stirn oder Nase wirkt gestresst und ungepflegt, auch wenn du gar nicht gestresst bist. Die Politiker, die ich schule, haben immer ein Puderdöschen in der Schreibtischschublade liegen, und wenn ein Kamerateam kommt, glänzen sie zumindest nicht mit Schweiß auf der Stirn.

Allein oder zu zweit vor der Kamera

Alleine vor der Kamera zu agieren ist schwieriger, als wenn du dir mit jemandem die Bälle zuspielen kannst. Bei Videos allein rate ich dir, einen Freund oder Freundin zu bitten, sich hinter die Kamera zu stellen. Die einzige Aufgabe besteht darin, auf die Schlüssigkeit des Inhalts zu achten und nach der Aufnahme positives, motivierendes Feedback zu geben. Das hilft ungemein und entspannt dich vor der Kamera.

Unterschiedliche Körpergrößen ausgleichen

Solltest du ein Interview mit einem Gesprächspartner haben, der in seiner Körpergröße stark von deiner abweicht, kann sich der kleinere auf ein paar Bücher stellen – natürlich nur, wenn keine Füße zu sehen sind.

Das Keylight suchen

Kameraleute stellen meist ein sogenanntes Keylight, ein „Augenlicht“, auf. Es ist meistens das, von dem du dich direkt geblendet fühlst. Das Gleiche gilt für Bühnen, die eingeleuchtet sind. Halte dich auf einer Bühne immer da auf, wo du das Publikum nicht erkennst, weil du geblendet bist. Du siehst zwar nichts, aber alle sehen dich.

Den Boden markieren

Klebe dir am Boden eine visuelle Markierung mit einem Stück Klebeband auf. Die Bildschärfe hat je nach Kameraeinstellung nur einen geringen Bereich, innerhalb dessen du vor oder zurückgehen kannst. Damit du immer perfekt scharf bist, halte dich an die Markierung.

Der Blick in die Kamera

Beim Blick in die Kamera stell dir vor, dass jemand im Objektiv sitzt und dir gespannt und aufmerksam zuhört. Das überträgt sich durch das Objektiv, und du wirkst so, als ob du tatsächlich mit dem Zuschauer sprichst.

Jede Bewegung, die du mit den Augen machst, wirkt auf dem Bildschirm größer als im wirklichen Leben. Das liegt daran, dass unsere Aufmerksamkeit beim Betrachten eines Videos tatsächlich nur auf die Person fokussiert ist und auf nichts anderes. Je größer dein Gesicht auf dem Bildschirm zu sehen ist, desto sichtbarer wird auch jede noch so minimale Augenbewegung.

Den Gesprächspartner positionieren

Blicke, wenn du von jemandem interviewt wirst, immer ins kameranahe Auge deines Gegenübers. Damit öffnest du automatisch dein Profil zum Zuschauer hin und wirkst präsenter.

Beim Interview mit einem Kameramann und einem Journalisten, der neben der Kamera steht, bitte den Journalisten, sich nah neben die Kamera zu stellen. Je näher dein Blick am Objektiv ist, desto offener und präsenter wirkst du für den Zuschauer.

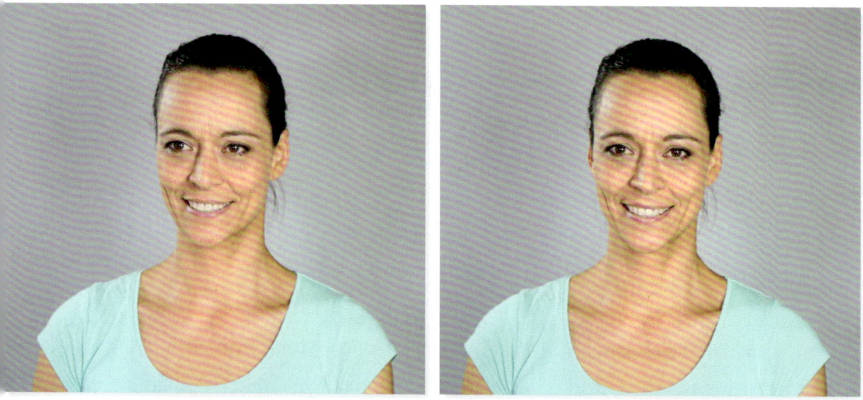

Je näher dein Blick am Objektiv ist, desto offener und präsenter wirkst du für den Zuschauer.

Bewegungen kontrollieren

Vermeide zu große Bewegungen mit dem Kopf! Das wirkt unsicher und irritierend auf den Zuschauer. Verzichte auch auf hektische Augenbewegungen. Ruhige Bewegungen vermitteln vor allem bei Nahaufnahmen Souveränität.

Check auf jeden Fall beim Probelauf, wie deine Blinzelrate ist. Zu viel Blinzeln wirkt auf den Zuschauer unsicher. Allein schon das Bewusstsein darüber, dass du viel blinzelst, wird dir bei der Aufnahme helfen, es zu kontrollieren.

Lächeln

Lächle, was das Zeug hält, außer natürlich, wenn du über ein sehr ernstes oder trauriges Thema sprichst. Auch wenn du dir dabei blöd vorkommst – es lohnt sich. Am besten machst du erst eine Aufnahme zum Warmwerden. Danach geht es mit dem Lächeln schon viel besser.

Deine Botschaft sicher anbringen

Wenn du bei einem Interview vor der Kamera ein wichtiges Statement mitteilen willst oder einfach etwas länger im On sein willst: Sprich die Sätze so durch, so dass der Cutter nicht schneiden kann. Gehe am Ende eines Satzes mit der Stimme nach oben. „Wir haben die Veranstaltung sehr genossen (Stimme hoch), weil die Referenten glücklicherweise schnell von der Bühne gegangen sind."

Die Gefahr dabei ist einzig, dass du nicht in den Bericht hineingeschnitten wirst, weil deine Sätze zu lange waren.

Knackig und ohne Fachjargon reden

Zuschauer haben keine Geduld. Fasse dich deshalb kurz und bilde kurze und prägnante Sätze ohne Verschachtelungen. Drücke dich leicht verständlich aus und verzichte auf übertriebenen Fachjargon oder zu viele Fremdwörter. Das wirkt nicht nur gestelzt, sondern es bremst auch die Aufmerksamkeit des Zuschauers. Du möchtest schließlich einen großen Personenkreis ansprechen und willst, dass man dich versteht. Ausnahme: Zielgerichtete Videos an eine kleine erlesene Gruppe, die täglich mit diesen Begriffen zu tun haben.

Frei sprechen

Es gibt Interviews, die lange geplant sind, und Interviews, die spontan sind. Egal wie vorbereitet du bist, klammere dich nicht an aufgeschriebenem Text fest, das klingt immer hölzern, egal wie talentiert du bist. Mache dir Stichpunkte und sprich frei.

Das Publikum im Kopf behalten

Wer sitzt am anderen Ende des digitalen Mediums? Wie sieht der Avatar aus, den du erreichen willst? Wie alt ist er, welcher Berufsgruppe gehört er an, welche Hobbys hat er? Je genauer du weißt, wen du erreichen willst, desto besser kannst du Wortwahl und Auftreten anpassen.

Erzähle nie etwas, das man im Bild nicht sieht. Der Zuschauer fühlt sich dann betrogen. „Sie können es jetzt nicht sehen, aber der Kameramann stimmt mir mit einem Nicken zu" oder „Sie können das jetzt nicht sehen, aber es ist furchtbar heiß im Studio."

Für den Schnitt Vor- und Nachlauf lassen

Beginne bei der Aufnahme eine gute Sekunde, nachdem der Kameramann das Go gegeben hat, und blicke erst zwei Sekunden nach deinem letzten Satz vom Objektiv weg. Es sieht fahrig aus, wenn du bereits beim „Tschüss, bis zum nächsten Mal" wegblickst, und fühlt sich für den Zuschauer nicht wertschätzend an.

Ruhe bewahren

Es gibt einen netten Spruch, den ich zum ersten Mal an einem Set gehört habe. „Wer ‚So!' sagt, ist noch lange nicht fertig" bedeutet, dass ein Kameramann nun mal Zeit braucht, um Licht zu bauen. Gehe nicht jedes Mal in Interviewanspannung, wenn er „So!" sagt. Im nächsten Moment wird er noch an einem Lämpchen drehen und irgendetwas optimieren. Geh sparsam mit deiner Energie um. Wenn ein Kameramann sagt, er ist gleich fertig, heißt das noch nicht, dass es in einer Minute losgeht. Sollte er dann doch plötzlich fertig sein, bist du womöglich von deinen vielen innerlichen Anläufen schon ausgepowert.

Videokonferenzen

Zu meiner Freude sind Videokonferenzen immer mehr im Kommen. Menschen haben erkannt, dass es für eine gute Geschäftsbeziehung unabdingbar ist, den anderen zu sehen, seine Körpersprache aufsaugen zu können und ein Gesicht mit der Stimme zu verbinden, auch wenn es nur durch ein Objektiv ist. Leider schieben viele Menschen aber gut konstruierte Gründe vor, sich davor zu drücken: „Ich weiß nicht, wie ich wirke“, „Ich weiß nicht, worauf ich achten muss“, hört man da, oder noch schlimmer: „Aber ich bin doch gar nicht geschminkt.“ Um dir derartige Ausreden zu ersparen, folgen nun ein paar Tipps, wie du eine Videokonferenz grandios meisterst.

- Achte auf genügend Licht von vorne. Licht von vorne statt von oben verhindert Augenringe.
- Achte auf Spiegelungen auf deiner Brille. Eine kleine Drehung des Laptops oder der Lichtquelle, und schon ist die Spiegelung verschwunden.
- Geh nicht zu nah an die Kamera heran, das wirkt bedrohlich.
- Blicke gerade in die Kamera. Richte die Linse so gut es geht auf Augenhöhe aus, sonst wirkt es so, als schautest du auf den anderen herab. Ich stelle meinen Laptop bei Videocalls immer auf ein paar Bücher.
- Auch per Video wirkt ein Lächeln. Lächle in die Kamera und nicht auf das Bild des anderen.
- Spärliches Haupthaar lohnt es sich abzupudern oder den Lichteinfall anders zu wählen. Zu viel Glanz lenkt von den Augen ab.
- Vermeide suchende Blicke nach dem Objektiv. Bei dunklen Laptoprändern kannst du ein Post-it mit Pfeil an die Linse kleben.
- Krame nicht auf dem Schreibtisch herum. In diesem Moment verlierst du den Kontakt zum anderen.

- Sei dir bewusst, dass der andere dich immer noch sieht, auch wenn du bereits „Tschüss“ gesagt hast. Bis die Verbindung tatsächlich beendet ist, vergehen meist zwei Sekunden, weil alle erst den Knopf suchen müssen. Lass dein Gesicht nicht in sich zusammenfallen, nachdem du den anderen gerade noch strahlend verabschiedet hast, sondern halte das Lächeln.

TIPP

Auf www.youtube.com findest du ein Video zum Thema „Videokonferenz“:

https://yvonnedebark.de/wirke-wie-du-willst/

Achte auf genügend Licht von vorne. Licht von oben macht unschöne Schatten und Augenringe.

SCHLUSSWORT

Du weißt nun, wie du in jeder Situation so wirken kannst, wie du wirken willst. Du hast gelernt, wie du dein Gegenüber besser einschätzen kannst und wie du wirkst, wenn du bestimmte körpersprachliche Signale sendest. Du kannst jetzt kompetent und selbstsicher in Termine gehen oder vor ein Publikum treten. Du hast die Mittel, um elegant auf Verbalattacken zu reagieren. Auf Netzwerkveranstaltungen wirst du das erreichen, was du erreichen willst. Vor der Kamera wirst du strahlen. Aber was du niemals vergessen darfst: Deine Wirkung kann immer nur so stark sein, wie dein Geist dir erlaubt.

Ich höre häufig, dass ich ja in der Schauspielschule gelernt habe, wie ich so wirken kann, wie ich will, für Nicht-Schauspieler sei das aber schwer umzusetzen. Das stimmt nicht. Es geht nur um eines: Fokus. Der Unterschied zwischen einem Schauspieler und einem Nicht-Schauspieler ist, dass der Schauspieler Emotionen an- und ausknipsen kann. Diese Fähigkeit benötigst du in deinem Alltag im Umgang mit deinem Gegenüber nicht. Du hast ein viel wertvolleres Werkzeug: dich selbst. Mit all deinen Erfahrungen, Erlebnissen und mitgegebenen Talenten. All das kannst du in dem Moment nutzen, in dem du wirken möchtest. Sei fokussiert auf diesen Moment, denn du erlebst ihn nur ein einziges Mal.

Ich werde in meinen Seminaren regelmäßig gefragt: „Aber darf ich denn nie so sein, wie ich bin?“ Dann antworte ich: „Du darfst immer sein, wie du bist. Denn da bist du wunderbar. Aber du selbst hast es in der Hand, so zu wirken, wie du wirken willst.“

ANHANG

Checkliste: Körpersprache lesen

- Beachte den Kontext. Zum Beispiel: Wo befindet sich die zu lesende Person, welche Zeit ist es, wer ist anwesend?
- Benutze das Schneckenprinzip (siehe S. 61), um zu erkennen, ob sich die Person wohl oder unwohl fühlt.
- Suche ein weiteres Signal, das deine Vermutung bestätigt: Mimik, Distanzverhalten, unbeeinflussbare Signale.
- Kalibriere die Person.
- Versuche festzustellen, wie ihre normale Körpersprache ist. Welche Macken oder Angewohnheiten hat sie?
- Bemerke Veränderungen in der Körpersprache.
- Stelle Fragen, um deine Annahme zu prüfen.

Checkliste: Verhandlungen

Vor der Verhandlung

- Bring dich in die richtige Stimmung.
- Nutze die Lampenfiebertricks (siehe S. 143), um fokussiert zu sein.
- Kenne dein Ziel.
- Habe zu Sicherheit einen Gesprächsleitfaden, um ihn jederzeit gegen kreative Improvisation austauschen zu können.
- Sei dir deiner Fähigkeiten bewusst.
- Wähle für dich deine innere Haltung.

Zu Beginn der Verhandlung

- Kontext: Wer ist anwesend? Wessen Territorium ist es?
- Lies die Körpersprache: In welcher Beziehung stehen die Anwesenden zueinander? Wem sind die Oberkörper zugewandt? Wer wird am meisten angelacht? Wie ist der Stresslevel der anderen?

Während der Verhandlung

- Zeig den anderen, dass du Teil ihres „Stammes" bist (Haltung, Sprechweise, Wortwahl).
- Gib den anderen das, womit sie sich wohlfühlen, also reagiere auf ihre Persönlichkeitsstruktur (Zahlen, Daten, Fakten, Ergebnisse, Bewunderung etc.).
- Nimm Veränderungen in der Körpersprache der anderen wahr und reagiere.
- Korrigiere deine innere Haltung, wenn notwendig.

Lesetipps

Wenn du dich noch detaillierter in die Körpersprache vertiefen willst und mehr über ihren Sinn und ihre Funktionen erfahren möchtest, empfehle ich dir die folgenden Bücher:

Yvonne de Bark, Körpersprache einfach nutzen: Eine Schauspielerin verrät die besten Tricks für Alltag, Flirt und Job. Mit Film. humboldt 2014

Yvonne de Bark, 13 ½ Mythen der Körpersprache. Mit exklusivem Filmmaterial. Schwarzbuch 2016

Paul Ekman, Gefühle lesen. Wie Sie Emotionen erkennen und richtig interpretieren, Springer 2016

Heiner Ellgring, Nonverbale Kommunikation. Einführung und Überblick: Wenn du Autor und Titel googlest, findest du diesen Artikel online.

Yuval Noah Harari, Eine kurze Geschichte der Menschheit, Pantheon 2015: In den ersten Kapiteln werden die evolutionären Aspekte des menschliches Verhaltens spannend erklärt.

Journal of Nonverbal Behavior, www.springer.com: Wenn du dich für Körpersprache aus Sicht der Forschung interessierst und gut Englisch kannst, empfehle ich dir diese wissenschaftliche Zeitschrift. Unter „read online" finden sich aktuelle kostenfreie Artikel.

Daniel Kahnemann, Schnelles Denken, langsames Denken, Siedler 2012: Thema dieses Buches ist u. a., wie wir unsere Entscheidungen treffen und was in unserem Gehirn passiert, wenn wir andere Menschen oder Dinge beurteilen.

DANKSAGUNG

Wenn ihr nicht gewesen wärt, wäre das Buch nicht möglich gewesen. Jeder aus einem anderen Grund.

Allen voran meine Kinder Lara (16) und Dorian (15), weil sie mit mir sonntagmorgens voller Elan und mit mörderisch ehrlichem Feedback neue Übungen für meine Seminare ausprobiert haben.

Mein engelsgeduldiger Sofakuhlenmitbenutzer, der mit mir Talkshows mit abgeschaltetem Ton im Fernsehen angeschaut hat, weil ich so Körpersprache lesen geübt habe.

Die Models, unter anderem Peter Schönberger, die sich für das Buch von mir vor die Kamera zerren ließen und als Gage nichts weiter verlangten als eine Dose Bier. Es wurden dann zwei, drei, vier ...

Alle Seminarteilnehmer, die ich dafür feiere, dass sie sich mir anvertraut haben und wir zusammen eine wirkungsvolle Zeit hatten.

Der Einzelcoachee, der mich anrief und sagte: „Du hast mein Leben verändert."

Meine Lektorin Linda Strehl, die Nachtschichten eingelegt hat, um meine gruseligen Satzkonstruktionen für normal tickende Gehirne wieder glatt zu streichen.

Der Programmleiter des humboldt Verlags, Mark Wachsmann, der während der Arbeit am Manuskript mein siamesischer Zwilling und mein jubelnder sowie peitschender Motivationstrainer war.

Meine 97-jährige Oma, die ich sehr liebe, weil sie einfach die beste, weiseste und liebevollste Oma der Welt ist.

Meine Brüder, ohne die meine digitalen Defizite noch heute dafür sorgen würden, dass ich versuche, Botschaften in Steinplatten zu ritzen.

Und meine Eltern, die mir beigebracht haben, so zu sein, wie ich bin, aber so zu wirken, wie ich will.

Bibliografische Information der Deutschen Nationalbibliothek
Die Deutsche Nationalbibliothek verzeichnet diese Publikation in der Deutschen Nationalbibliografie; detaillierte bibliografische Daten sind im Internet über http://dnb.ddb.de abrufbar.

ISBN 978-3-8426-4206-5 (Print)
ISBN 978-3-8426-4207-2 (PDF)
ISBN 978-3-8426-4208-9 (EPUB)

Die Autorin: Yvonne de Bark gehört zu den Top-Experten zum Thema Körpersprache und Wirkung. Die studierte Schauspielerin und Hochschuldozentin ist eine der gefragtesten Spezialistinnen für nonverbale Kommunikation in Deutschland. Sie unterstützt Vorstände in DAX-Unternehmen, schult Politiker und hält Seminare für alle, die sicher auftreten und ihre Wirkung zielgerichtet einsetzen wollen. Sie ist internationale Top-Speakerin, erfolgreiche Autorin und leidenschaftliche Trainerin.

Fotos:
Yvonne de Bark
Frank Erler: S. 8
Wim Woeber: S. 14 und Coverfotos

Originalausgabe

Eine Marke der Schlüterschen Verlagsgesellschaft mbH & Co. KG,
Hans-Böckler-Allee 7, 30173 Hannover
www.schluetersche.de
www.humboldt.de

Lektorat: wort & tat, Linda Strehl, München
Covergestaltung: ZERO, München
Satz: PER MEDIEN & MARKETING GmbH, Braunschweig
Druck und Bindung: gutenberg beuys feindruckerei GmbH, Langenhagen